幼児教育サポートBOOKS

保育のあるあるなお悩みを一気に解決！

0・1・2歳児 担任のための お仕事 Q&A

「ちょび先生」こと 菊地 奈津美 著

私って，保育士に向いていないんじゃないかな？？

0歳児，ミルクをなかなか飲んでくれない…
1歳児，何度言っても言うことを聞いてくれない…
2歳児，保護者からの相談対応に困る…

トラブル・不安をすべて解決！

明治図書

はじめに

　保育園は子どもが初めて出会う「社会」。そこで出会う保育士は「社会の人」代表だと思っています。お父さんお母さんなどの家族と離れて初めて出会う家族以外の「社会の人」代表。そんな保育士が，自分のことを丸ごと愛し，丸ごと受け止め，困った時には必ず助けてくれる人だったら……家族以外でも自分を愛してくれる人がいるんだなと思うでしょう。社会には，信じていい人，頼っていい人，助けてくれる人がいるんだなと思えるでしょう。

　その先の人生で，ちょっと理不尽な人に出会っても，「誰も信じられない」なんて思うことがあったとしても，幼いころに出会った自分を丸ごと愛してくれる人のあったかさが，心のどこかに残っていたら……きっと誰かが助けてくれるはず，きっと信じられる誰かが世の中にはいるはずなんだ，そんなことを思って生きていってくれるかな，と思うのです。記憶に残らなくても良い。心のどこかにその温かさが残っていてくれたらそれで十分。時には失敗して，泣いて，怒って，かっこ悪い時もあるかもしれないけれど，どんなあなたも大好きだよ。どんなあなたも応援しているよ。そんなあったかさを伝えていきたい。そして安心感をもって生きていってほしい。どの子もみんな素敵な，この世にひとりだけの，大切なあなただから。私はそんなことを思って保育士をしています。

　世の中には色んな保育園があり，色んな保育士がいます。楽しんで保育をしている人もいれば，そうでない人もいるでしょう。子どもたちが初めて社会に出て初めて出会う人が保育士なのだとしたら，120％の笑顔で子どもを毎日受け入れられる，そんな保育士さんでいっぱいの保育業界でありたいと心から願っています。この本が少しでも笑顔で働ける一助となれば幸いです。人間形成に極めて重要とされる乳幼児期の多くの時間をともに過ごす保育士さんへ思いを込めて。

　2020年1月　こどもの王国保育園　統括園長　菊地奈津美（ちょび先生）

Contents

Part1　0歳児のＱ＆Ａ

ガイド

生活習慣

コミュニケーション

Part2　1歳児のQ＆A

ガイド

生活習慣

コミュニケーション

Part3　２歳児のＱ＆Ａ

保護者対応

Part4　保育士の仕事 Q & A

ガ イ ド

社会人として

仕事全般

保護者対応

子どもとの関わり

Part 1

0歳児のQ&A

押さえておきたい
0歳児クラスの基礎・基本

信頼を築く応答的な関わりを大切にしよう

　安心できる特定の保育者との関わりを中心に，受容的・応答的な関わりを通して人と関わる力の基盤が育まれる時期です。子どもたちは泣くこと，表情や身振り等で自分の思いを伝えようとしています。「○○したかったんだね」とひと言目は受容の言葉で，子どもの気持ちを受け止めましょう。「お腹がすいたね」「ねこがいたね」と感情や状況を言語化していくことが大切です。ひとりひとり，食事や睡眠のリズム，できることや好きなことも違います。それぞれが心地よさを感じられるように，家庭とも連携しながら個別に対応していくことを心がけましょう。

色々なものや感覚とたくさん出会う機会をつくろう

　子どもにとってはどんなものも初めての出会い。気になったものには手を伸ばし口に入れて，形や感触，味などを確かめます。様々な感触や感覚は脳の神経伝達をより発達させてくれます。誤飲には十分気を付けながら，サラサラ，ザラザラなどの様々な感触や形のものとの出会いを楽しみましょう。
　発達が進むにつれてものを握ったりつまんだりできるようになっていきます。手足や指先，そして五感をたくさん使ってものとの出会いを楽しめるようにしましょう。

体を動かす援助と環境整備を大切にしよう

　腕や足を動かすところから始まり，座る，立つ，歩く，登る……など体の発達がとても著しい年齢です。広いスペースの中でハイハイをしたり歩いたり登ったりして全身運動をたくさん楽しみましょう。体を動かすことで脳も

心も育っていきます。

 0歳児担任にオススメグッズ

誤飲チェッカー

誤飲の危険性のある大きさかどうかをすぐに調べることができます。

ウェアラブルメモ

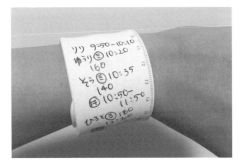

腕につけられるメモ。ミルクの量や午睡の時間などをメモすることが多い0歳児では重宝します。

0歳児担任になったら確認しておきたいこと

- ☐ 保育所保育指針・全体的な計画
- ☐ 0歳児の発達の道筋（発達段階）
- ☐ SIDS のチェックの仕方とポイント
- ☐ ミルクのつくり方・授乳の仕方
- ☐ 離乳食の進め方・介助の仕方・給食室との連携
- ☐ 0歳児が罹りやすい病気について
- ☐ 室内の危険個所の点検（おもちゃのサイズや破損も含めて確認）
- ☐ ふれあい遊びやわらべうた

2 〇歳児の発達に合わせた遊び

首が座るようになったら

動くものを目で追って楽しめるようになります。室内にモビールを飾ったり，音の鳴るおもちゃであやしたりしましょう。

ご機嫌がいい時には （目安：6ヶ月未満）

安全をしっかり確認しながら，うつ伏せでの遊びを取り入れていきましょう。首や背中の筋力をつけるためにも大切です。慣れていない場合は短時間から始め，無理のないように。胸の下にクッションを入れて手が動くようにしてあげると，おもちゃを触るなどして楽しめるようになります。

指を吸うようになったら （6ヶ月未満）

ものが握れるようになってきたサインです。音の鳴るガラガラを渡してみましょう。自分で動かすことで音が鳴ることがわかり，手と目を協応させながら音を鳴らして楽しみます。

お座りができるようになったら （6・7ヶ月頃）

保育者の膝の上にのせて，「高い山低い山」のわらべうたやバスごっこなどを歌いながら体を揺らします。動きの大小や速度を変えたりしながら楽しみましょう。

つまむ・ひっぱるができるようになったら （6ヶ月～1歳3か月未満）

指先の動きが発達してきたら，ぽっとん落としや布をひっぱり出すおもちゃを取り入れてみましょう。夢中で遊びこむ姿が見られます。おもちゃの数

を用意したり仕切りを活用したりして，集中して遊べるように工夫しましょう。

ずり這いやハイハイができるようになってきたら （6ヶ月〜1歳3か月未満）

"動きたい" という意欲を高めたり，動くことの楽しさを味わったりできるようにボールや転がるおもちゃを用意しましょう。保育者が「待て待て〜」とハイハイで追いかける遊びも大好きです。体の動きがしっかりしてきたら，坂や段差を昇り降りするなど，体を色々と動かして遊べるように，マットなどを使って安全に十分気を付けながら楽しめる環境をつくりましょう。

伝い歩きや歩行ができるようになってきたら （10ヶ月〜1歳3か月未満）

立ち上がって押すのにちょうど良い高さの空き箱や手押し車を取り入れて，歩くことを楽しめるようにしましょう。歩き始める前からの歩行器は股関節への負担や変形などがありオススメしません。子どもの発達と興味関心に合わせて無理なく楽しめるようにしましょう。

3 ▶ 0歳児の保育環境のポイント

五感を刺激する遊びを取り入れよう

　天井からモビールを下げたり，揺れると音の出るおもちゃを置いておいたりなど，五感を刺激して楽しめる遊びの工夫をしましょう。色々な感触が楽しめるおもちゃも良いですね。目で見て耳で聞いて，触ってなめて世界を広げていく時期ですから，様々なものとの出会いを楽しみましょう。

ハイハイできるスペースを確保しよう

　ハイハイしたくなるような環境が大切です。保育室が狭い場合は他のクラスが外出している時にレイアウトを変更するなど工夫をしてたくさん体を動かせるようにしましょう。月齢が進んだらつかまり立ちや伝い歩きも十分できるように，押し車を取り入れるなどして子どもたちの体の発達に合わせて保育環境を工夫しましょう。

おもちゃの大きさに注意しよう

　口におもちゃを入れることが多い年齢です。誤飲には十分気を付けましょう。市販の遊具なら ST マーク（安全基準に適合）がついているものを選ぶことも大切。直径32mm 以下（丸型の場合は45mm 以下）は誤飲の可能性があるとされています。これはどうだろう？　と迷ったら，"きっと大丈夫"ではなく"念のため止めておこう"と考えるようにしましょう。早番や遅番で他の年齢の保育室を使用する際にも注意が必要です。また口に入れるものは清潔にも配慮しましょう。

動線を十分考慮しよう

　特に子どもから目が離せないのが０歳児ですので，動線を工夫することが大切です。戸外から戻った時の着替えから食事の流れ，おむつ替えの場所や食後の片付けの流れなど，子どもたちはもちろん，保育者にとってもスムーズに動ける動線を十分に考えて場所の設定やものの配置を細かく決めましょう。毎回の流れや場所を同様にした方が子どもたちが安心し見通しをもって過ごせるようになります。以前同じ保育室で担任をしたことのある職員がいる場合は環境構成の良いアイディアがもらえるかもしれません。積極的に聞いてみましょう。

指先の発達に合わせたおもちゃを取り入れよう

　つまめるようになったら，布をひっぱるおもちゃ，ものを握って穴に入れられるようならぽっとん落とし……と子どもたちの動きや遊びの様子をよく見て，少し先の発達を見すえておもちゃを取り入れていきます。本やインターネットなどで調べて子どもたちに合った手作りおもちゃをつくってみると良いでしょう。またひとりひとりが集中して遊びこめるようにおもちゃの数を多めに用意したり仕切りを活用したりしましょう。

uestion 1

安全な保育をと言われるけれど，何に気を付けたらいいんだろう？

0歳児クラスの「安全」で気を付ける ポイントは？

nswer

保育者間の連携をしっかりとって，みんなで 安全に気を付ける意識をもとう

いつ事故やケガが起こるかわかりません。すぐに手を差し伸べられる距離で見守りましょう。少しの間でも目を離すことがないように，職員間での細やかな声掛けが大切です。

　重大な事故が起こりやすいのは，午睡時・プールや水遊び・食事の時間と言われています。大事な命を預かっているという意識を決して忘れてはいけません。重大事故とまでいかなくても，目を離したすきに，ケガをすることがあります。少しでもその場を離れる時は，同じクラスの保育者全員に必ず声をかけるようにしましょう。また，小さなことでも危険を感じた場合は「ヒヤリハット」等で取り上げて，職員間で必ず共有することが大切です。玄関やホールなどの共用部分，早番遅番の保育室などは0歳児が使用することもあるので，職員みんなで安全に気を付ける意識を高め，防げる事故を最大限に防ぐ努力をしましょう。

● ちょび先生のワンポイントアドバイス！

何でも口に入れて感触を確かめる時期なので誤飲には十分な注意が必要です。しかし口の感覚を通して世界を学んでいる時期でもあるので，おもちゃの大きさには十分気を付けた上で，様々な感触と出会える機会をつくっていきましょう。

Question 2
ハイハイをあまりしたがらない子がいます……

ハイハイってたくさんした方がいいの？

nswer

"やってみたい" の気持ちを引き出して，体を動かす楽しさを味わえるようにしよう

ハイハイは手足をつかう全身運動なので，たくさん経験できると良いですね。ハイハイがしたくなるような環境づくりが大切です。

　ハイハイは，手先から足の指までを使う全身運動です。骨盤の形成や脳への刺激を考えるとたくさん経験した方が良いですが，無理にやらせる必要はありません。お座りしている時に，少し遠くにお気に入りのおもちゃを置いたり，保育者がハイハイして見せたりして，「ハイハイしてみよう」と思えるような働きかけをしてみましょう。もちろんスペースの確保も大事。歩けるようになった子どもたちとも，トンネルをくぐったり，マットのお山をハイハイで登ったり，階段の上り下りをしたりして，ハイハイを楽しめる機会を増やしましょう。

💬 ちょび先生のワンポイントアドバイス！

　２・３歳になってきたら，横向き・後ろ向き・高這い・手押し車など色々なハイハイを遊びの中で楽しめるといいですね。運動能力の発達には一斉保育での運動指導よりも自由遊びの方が良いと言われています。楽しみながら体をたくさん動かせるようにしましょう。

Question 3

お腹がすいているはずなのに……

ミルクを飲んでくれない子には，どう対応すればいいの？

Answer

子どもひとりひとりの安心ポイントを探ろう

いつもと違う状況の中では，子どもは不安を感じるものです。家庭と連携をとり，安心できる環境づくりに努めましょう。

　特に預かり始めは安心しきっていないので，ミルクを飲んでくれないことがありますよね。まずは信頼関係を築くことが大切です。笑顔でゆったり話しかけ，機嫌の良い時にはふれあい遊びをするなどして信頼関係を築いていきましょう。また，安心できるように家庭の環境に近づける努力も大切です。お家で使っている哺乳瓶を貸してもらう，乳首のサイズやミルクの銘柄を合わせる，抱き方や飲ませ方の角度，ミルクの温度，部屋の明るさや騒がしさ，天井の高さなども考慮できるポイントです。また，眠たかったりお腹がすき過ぎたりして飲めないことがあります。生活リズムやタイミングも配慮しながら進めましょう。

 ちょび先生のワンポイントアドバイス！

気分を変えてみることも大切です。少し戸外を散歩してみる，スプーンで飲んでみる，また対応する人が変わると気分も変わって飲んでくれることもあるかもしれません。入園前に哺乳瓶に慣れておいてもらいましょう。

uestion 4
そんなに食べて大丈夫？

食べても食べてもお替わりがしたいと泣く子には，どう対応すればいいの？

nswer

気持ちに共感し，楽しい食事でお腹も心も満たそう

「もっと食べたい」の気持ちは生きていくうえで大切な力！　気持ちに丁寧に共感しながら満足できる食事時間にしましょう。

　満腹中枢が未発達なこともあり「ごちそうさま」をすると大泣きし，何度もお替わりを求める，そんな子もいますよね。基本的に離乳食は食べたいだけ食べて良いと言われています。タンパク質が多いと内臓への負担が大きくなるので，お替わりをするなら薄味の野菜やおかゆにしましょう。少し大きめに切る，野菜スティックを取り入れるなどしてよく噛む習慣をつけることも大切です。お腹がすき過ぎていると食べ過ぎの原因にもなるので，朝ごはんをしっかり食べてきてもらうことも大事です。パンよりご飯の方がオススメです。

ちょび先生のワンポイントアドバイス！

「まだお替りするの？」と笑ったり，「もうおしまいです」なんて怒ったりしてはいけません。最初に「今日のお替わりはこれだよ」と見せておき，最後の一品を出す時には「これでごちそうさまだよ」と丁寧に伝えましょう。「たくさん食べられたね」と共感する言葉で，心も満たされるような声掛けを。

uestion 5
食べ物をぐちゃぐちゃ……楽しそうだけど止めてほしい……
食事の途中で遊び始める子には，どう対応すればいいの？

nswer
子どもの様子を見て，無理して食べさせずに切り上げよう

お腹が満たされると，食べることよりも投げたり触ったりすることに興味が向くもの。遊びたい気持ちは，遊びの中で保障できるようにしましょう。

　もうお腹がいっぱい，集中が続かない，そんな時には，食事に興味が向かず遊び食べになってしまいます。食べることに飽きてきた時には，行儀良く食べさせることにこだわらず，「終わりにしようね」と声を掛けて切り上げましょう。汚されると大人はついイライラしてしまいますが，わざとではありません。汚すことに怒ったり叱ったりする必要はないですが，食器をひっくり返す，食べ物を投げるなどの行為については止めてほしい理由を添えて丁寧に伝えていきましょう。

ちょび先生のワンポイントアドバイス！

　食べ物を投げたり潰したりするのは，指先が器用になってきた証拠。食べ物では止めてねと伝えつつ，投げる・潰す・転がす・つまむなどを存分に楽しめる遊びを取り入れていきましょう。

uestion 6

なかなか食べてくれません……
離乳食，どうしたらパクパク食べてくれるの？

Answer

食べたかどうかよりも，「食べてみたい」の気持ちを大切にしよう

今までミルクを飲んでいた子どもにとって，離乳食は初めてのことがいっぱいです。焦らず，まずは「食べること」自体に慣れるように進めましょう。

1歳まではミルクだけで良いというお医者さんもいるくらいですから，焦らず進めて大丈夫です。子どもの様子を見ながら，最初はスプーンに慣れるところから始めましょう。子どもが自分で口を閉じて食べ物を取り込めるように援助します。上あごに食べ物を押し付けたり，どんどん口に入れたりせず，少量ずつ，一口ずつ食べられるようにしましょう。家庭での様子も聞きながらその子のペースに合わせて進めましょう。

ちょび先生のワンポイントアドバイス！

生活面を中心とした緩やかな担当制を導入してもいいでしょう。子どもが安心して過ごせるための担当制なので，大人の都合で担当が数か月で交代などしていては意味がありません。仕切りを使って遊びのスペースと空間を分けたり，体に合った椅子を使用したりするなど，食事に集中できる環境を整えることも大切です。

uestion 7

おむつ替え中に大泣きしたり逃げ出したり……

おむつ替えを嫌がる子には，どう対応すればいいの？

 nswer

楽しく気持ちのいいおむつ替えタイムになるように工夫しよう

動くのが楽しい子どもにとって，おむつ替えの間ただじっとしているのは苦痛です。スキンシップをとったり歌を歌ったりしながら，おむつ替えの時間が楽しくなるように工夫しましょう。

　嫌がる理由はそれぞれですが，必ずその子なりの理由があります。まずは嫌がる気持ちを受け止めましょう。大好きなおもちゃを渡すなど他のことに気を向けている間にサッと替えてしまうのもひとつですが，できれば事前におむつを替えることやそれが必要なことであることも丁寧に伝えたいものです。おむつを一緒に取りに行ったり，おむつに好きな絵を描いてみたりして，替えようという気持ちを引き出せるように工夫しましょう。おむつを替えて気持ちが良い経験を何度か繰り返すと，次第に替えられるようになります。

● ちょび先生のワンポイントアドバイス！

　普段からおむつ替えと同じ体勢で，ふれあい遊びをたくさんしていると，おむつ替えも楽しいコミュニケーションの時間へと変わっていきます。おむつ替えは保育者と１対１で過ごせる貴重な時間。ふれあい遊びでスキンシップを楽しみながら，さっぱりする気持ちの良い時間にしていきたいですね。

Question 8

下痢が続いていてなかなか治らない……

おむつかぶれが悪化しそうな場合は，どう対応すればいいの？

Answer

こまめな対応と丁寧な伝達を大切にしよう

赤ちゃんの肌は弱いので，こまめな対応が必要です。担任同士連携を取り合い，園内でできる対応の範囲を考えましょう。

　おむつかぶれとは，おむつやおしりふきの摩擦・ムレ・便の残りなどによって肌が炎症を起こしている状態です。こまめにおむつを交換し，排便時はシャワーをしましょう。こすらずにポンポンと抑えるようにして拭くことが大切です。乾く前におむつを履かせてしまうとムレの原因になるので，仰ぐなどしておしりを乾かしてからおむつを履くようにしましょう。悪化しそうであれば受診を勧めることもあります。薬の取り扱いも含めて上司に相談しましょう。

ちょび先生のワンポイントアドバイス！

保育園ではよくあることであっても，保護者は不安に感じるもの。登降園時に必ず声を掛けて，家庭での様子を聞いたり，園での様子やその日の対応を伝えたりして，改善に向けて家庭と丁寧に連携していくようにしましょう。

uestion 9

0歳から便秘？　苦しそうだけど何もしてあげられない……

便秘がひどい場合，どうしたら改善できるの？

nswer

腸内環境を整えて，便秘を克服しよう

充分な水分補給と運動，そして食事。腸内環境を改善して便秘解消を目指しましょう。

　便秘解消には生活リズムを整えることや，充分な水分補給に運動，食物繊維を多く含んだものを食べることが効果的。保育園でも水分を十分にとれるように配慮することや，お腹のマッサージをしたり，足を動かしたりして腸に適度な刺激を与えるなどしてみましょう。便秘を改善するためには，腸内環境を整えていくことが大切です。毎日ヨーグルトを食べたとしても，防腐剤などの添加物がたくさん入ったものでは腸内環境は良くなりません。材料にこだわった発酵食品を選ぶなど食べ物の質にも気を付けられると良いですね。

ちょび先生のワンポイントアドバイス！

腸内環境を整えることで，免疫力も上がりますから健康には欠かせません。食べ物の添加物だけでなく殺菌スプレーなども腸内環境に悪影響を及ぼすようです。菌を殺す力がある薬が体に良いはずがありませんよね。きれいになる，良い匂いがするなど人工的なものばかりに頼るのは注意が必要です。

Question 10

何かあったらと思うと不安……

午睡時の安全を守るには，どこに気を付けたらいいの？

Answer

職員と連携して，子どもたちの安全を守ろう

０歳児で特に注意しないといけないのは午睡の時間です。SIDS（乳幼児突然死症候群）の予防や窒息などで命を落とすことのないように。お昼寝中だからといって気を抜いてはいけません。

SIDS 予防のために，仰向けで寝かせるようにとされています。定期的に顔色・表情・呼吸・嘔吐物がないか等の確認を行います。特に預かり始め，１歳未満，寝入りばなに多いので十分気を付けるようにしましょう。布団などに寝かせる際はよだれかけを外し，厚着させ過ぎないようにします。近くにタオルやおもちゃがあると窒息する可能性があるので，近くにはものを置かないようにしましょう。遠目で見るのではなく，近くまで行って体に触れ，体調等の変化がないか，確認しましょう。"そばにいるよ"という気配を伝えて安心して眠れる環境をつくることが，SIDS 予防にも役立つようです。

ちょび先生のワンポイントアドバイス！

まさか自分の園で起こるはずがない，きっと大丈夫だろう，そんな風に思ってはいけません。忙しい日々の中だったとしても，大事な命を預かる保育士としての自覚をもって行動しましょう。緊急の場合の職員の動きや救急車の手配などについても，万が一に備えてしっかり確認しておきましょう。

発達に合わせるって言われるけれど，覚えられないし難しい……

発達に合わせるってどうすればいいの？

発達の道筋を把握して毎日の保育を楽しもう

　０歳児保育は特に子どもの発達への理解が必要です。発達を少し意識すると，保育が10倍楽しくなります。

　特に０歳児は著しく発達していく時期です。発達の目安が書いてある本や資料を見てみると，Ａ君は座れるようになってきたな，と，ひとりひとりの発達状況を確認することができたり，Ｂちゃんはそろそろつかまり立ちができるかも，と次の発達の見通しがもてるようになったりします。発達段階はあくまでも目安なので目の前の子どもの様子をよく観察することが大切です。発達を見通して楽しめそうな手作りおもちゃをつくったり遊びの場を設定したりして，環境を整えていきましょう。

ちょび先生のワンポイントアドバイス！

　指導計画を作成する際や，少し余裕がある時に，子どもたちの発達の道筋について資料などで確認するようにしてみましょう。発達を意識し始めると，日々の子どもたちの成長がわかり，成長の見通しがもてるようになり，保育が10倍楽しくなりますよ！

Question 12
言葉がまだわからないのに……
理解できないことでも，伝えた方がいいの？

Answer

何かをする前には，必ずひと言話しかけよう

まだ言葉の意味はわからなくても，大人の言葉をよく聞いています。何かをする時，状況が変わる時などは，その都度伝えるようにしましょう。

　どこかに移動する時，おむつを交換する時，ご飯を食べ始める時など，何かをする時や状況が変わる時には「これからホールに行くよ」「おむつを替えてきれいにしようね」と必ず声を掛けましょう。言葉の意味はまだわからないことも多いですが，大人の言葉を繰り返し聞きながら単語を少しずつ聞き取れるようになっていきます。1歳頃になると簡単な言葉が聞き取れるようになり，少しずつ発語にも繋がっていきます。ゆっくり，はっきり簡単な言葉で伝えるようにしましょう。

ちょび先生のワンポイントアドバイス！

　いきなり鼻水を拭かれたり，後ろから抱き上げられてどこかへ連れて行かれたりしたら，大人でも気分が良くないはずです。言葉の発達だけではなく，心を通わせて気持ちよく過ごせるように，何かをする前には必ずひと声掛けることが子どもと接する時の礼儀です。

uestion 13

どうやって言葉を覚えていくんだろう……

言葉の発達を促すためのポイントは？

Answer

やり取りする楽しさを味わえるようにしよう

子どもとの日々のやり取りを大切にして，心を通わせる喜びを感じられるようにしていきましょう。

　言葉の発達を促すには，心が通じ合う心地良さや楽しさをたくさん味わうことが大切です。まずは子どもの発する言葉を繰り返してみましょう。「あぁ〜」と喃語を発するなら「あぁ〜だね」と返し，目と目を合わせて微笑み合います。意味のある言葉のやり取りはなくても，コミュニケーションはそこから始まっているのです。また目に見えているものを言葉にして伝えていきましょう。0歳後半から1歳にかけて，大人が見ているものを一緒に見る能力が発達します。同じものを見て，「ねこがいたね」「お花だよ」などと伝えていくことでものの名前を覚えていきます。

 ちょび先生のワンポイントアドバイス！

　「わんわん」や「ブーブ」などの幼児語は，子どもにとっては聞き取りやすく覚えやすいので，活用しても良いでしょう。言葉を獲得していくにはやり取りを楽しむことや伝えたいという気持ちをもつことが大切です。言葉を発することばかりにとらわれず，心を通わせる喜びや楽しさを感じられるようにしていきましょう。

uestion 14
言葉が通じない0歳児って難しい……

0歳児と信頼関係を築くポイントは？

Answer
受容・共感を大切に，応答的な関わりを意識しよう

言葉が通じなくても，目と表情で心を通わせられるのが0歳児！子どものサインを見逃さず，応答的な関わりを繰り返す中で信頼関係ができていきます。

　まだ言葉を話さない子どもたちは，保育者の雰囲気・表情をよく見ています。まずは笑顔で目を合わせ，ゆったりと語りかけるなど穏やかな雰囲気で接することを心掛けましょう。泣いていても焦って泣きやませようとせず，「泣いても良いよ，大丈夫だよ」とおおらかな気持ちで接することが大切です。子どもたちは，嬉しいことも悲しいことも表情や身振り等でしっかり伝えてくれています。そんなサインがあったら「○○だったね」とその子の状況や感情を言葉にし，応答的に関わりましょう。慣れてきたら，ふれあい遊びで，たくさんスキンシップをとって楽しめると信頼関係がぐっと深まります。

● ちょび先生のワンポイントアドバイス！

　保育所保育指針では繰り返し「応答的な関わり」という言葉が出てきますよね。まずは子どもを良く見ることが大切です。子どもの気持ちを受容・共感し，日々の応答的な関わりをする中で，少しずつ信頼関係ができていきます。

Question 15
月齢の差がありすぎて，どう遊びを設定したらいいのかわからない……
みんなで楽しめる遊びって，どう考えたらいいの？

Answer
ひとりひとりの生活リズムや興味に合わせて楽しめるように工夫しよう

みんなで一緒に同じことをして遊ぶことよりも，ひとりひとりが心地良く過ごすこと，それぞれの遊びを楽しむことを大切にしましょう。

　個人差の大きい0歳児クラスでは，一斉に同じ遊びや活動をすることは無理がありますね。眠たいのに無理やり起こして活動に参加させたり，嫌がっている子を無理に誘ったりする必要はありません。まずはそれぞれの生活リズムを大切に1日の保育を考えることが重要です。子どもの発達や興味もそれぞれなので，月齢や興味を目安に小グループに分けて活動したり，高月齢の子は1歳児クラスと合同で過ごしたりするなど，他クラスとも連携を取りながら，それぞれの発達や興味に合わせて楽しめるよう工夫しましょう。

● ちょび先生のワンポイントアドバイス！

　製作や遊びは一斉で行うよりも，それぞれがやりたいと思えるタイミングで楽しめるようにしましょう。ひとり1回ではなく繰り返し楽しめるように準備することも大切です。「やりたい」の気持ちで取り組むと集中力もアップします。

Question 16

切ったり貼ったりなんてまだできないし……

0歳児の製作ってどうすればいいの？

nswer

「作品」をつくることよりも「経験」を大切に しよう

作品づくりをしなくっちゃ，壁面に飾らなきゃ！　と思うのは大人の都合。まずは，子どもたちに，「どんな経験をしてほしいのか」を考えましょう。

　お部屋の壁に飾らなきゃ。何をつくろうかな。と考えていると，ほぼ大人がつくった作品になる，なんてことはありませんか。作品づくりよりも，子どもにどんな「経験」をしてほしいか，から活動を考えると良いでしょう。「経験」から考えると，ひとり1つ，画用紙1枚でなくても良いかもしれませんね。ティッシュをひたすら出してみたり，大きな紙をグシャグシャにしてみたりも楽しい経験。やり方が決まっている製作よりも，素材との楽しい出会いをたくさんさせてあげたい時期です。素敵な作品をつくることよりも，今を思い切り楽しむことを大切にしましょう。

ちょび先生のワンポイントアドバイス！

　保護者向けには活動時の写真を，活動のねらいも添えて掲示しておけると良いですね。成果物の出来栄えだけでなく，子どもがどんな経験をして，何を感じたのかなど，保育者の意図や製作遊びの意義を伝えていきましょう。

Question 17
たくさんあってどれを読んだらいいのかわからない……

0歳児にぴったりな絵本の選び方は？

Answer

子どもの興味にあった絵本で，心地の良い時間を過ごそう

絵本を通して大人とのやりとりを楽しむ時期です。身近でわかりやすいものを取り入れましょう。

　背景がシンプルであったり，登場人物の目や口がはっきりしていたりして，認識しやすいことが選ぶポイントです。食べ物や動物など，見たことのある身近な題材が描かれた絵本や，心地良い言葉のリズム，繰り返しのある絵本はどれも子どもたちが親しみやすく人気です。擬音語で構成されている絵本は大人も同じ視点で楽しめるのでぜひ一緒に楽しみましょう。長年増版され続けている絵本は素敵なものが多いです。先輩の保育士さんにオススメを聞いてみると，きっと素敵な絵本を紹介してくれるでしょう。

ちょび先生のワンポイントアドバイス！

　口に入れてしまうことも多いので，厚紙でできたボードブックタイプの絵本の活用を。手の届くところに置いておき，本棚から取り出して保育者に「読んで」と持ってきたり，黙々とページをめくったりして自分のペースで楽しめるようにしましょう。

Question 18

どうしたら絵本を好きになってくれるかな？

0歳児で絵本を読む時のポイントは？

Answer

絵本を介して，心が満たされる幸せな時間を過ごせるようにしよう

内容の理解より，心地良い時間を過ごすことを大切に。絵本を読む時間が，子どもたちにとって，幸せな時間となるよう，心掛けましょう。

発達を考慮しながら，絵本を子どもたちの手の届くところに置いておき，いつでも楽しめるようにしましょう。「美味しそうだね」「可愛いね」など会話をしたり，子どもが感じていることに共感したりしながら読むようにしましょう。内容を理解できるように説明したり，最後まで見るように言い聞かせたりする必要はありません。この時期は，絵本の楽しさを存分に感じて親しみをもってほしい時期。絵本を介して大好きな大人と心を通わせ，心地良い幸せな時間を過ごすことを大切にしましょう。

ちょび先生のワンポイントアドバイス！

活動の合間に取り入れられることが多い絵本ですが，子どもを待たせるためのものではありません。自由遊びの中で，子どもたちが自由に手に取りじっくり読んだり，保育者の膝の上に座りゆったりと絵本を楽しんだり……そんな絵本から広がる幸せな時間を大切にしてくださいね。

uestion 19

お迎えの時に細かいことまで聞いてくる……

保育園に預けるのが不安そうな保護者に，どう対応すればいいの？

nswer

子どもの様子が目に浮かぶように，具体的に伝えよう

保護者の中には初めての保育園，初めての子育て，という人もいるでしょう。保護者の不安な気持ちを受け止め，保育園での様子や対応を具体的に伝えていきましょう。

大事な我が子の命を預けるのですから，不安になるのは当たり前なこと。ご飯は食べられたかな？　ちゃんと寝られたかしら？　と色んなことが気になります。保育者に「楽しそうに遊んでいました」と言われても送迎時に泣いている姿があると大丈夫かな？　と心配にもなります。不安な気持ちをしっかり受け止め，子どもの様子が目に浮かぶよう，具体的なエピソードを伝えるようにしましょう。不安を伝えてくれる人ばかりではありません。どの保護者とも，特に預かり始めは丁寧に子どもの様子を伝えながらコミュニケーションを取り，信頼関係を築いていきましょう。

● ちょび先生のワンポイントアドバイス！

園内での様子を伝える手段として，写真をうまく活用すると良いでしょう。「笑顔で遊んでいました」と言うよりも，笑顔の写真を1枚見てもらったほうが伝わります。毎日ではなくても，壁新聞にしたりクラスだよりに載せたりして，楽しく過ごしている様子を伝えていきましょう。

Question 20

なんて声を掛けたらいいのかわからない……

夜泣きをして大変！という保護者に，どう対応すればいいの？

nswer

肩の力が抜けるように，保護者の頑張りに共感しよう

夜泣きは周囲にも気を使わなければならず，保護者自身も眠れずに辛いもの。まずは保護者の大変さに共感し，頑張っている姿に労いの言葉を掛けましょう。

　夜泣きは体内時計の未発達さや脳機能の発達によるものが多いとされています。生活リズムを整えることや入眠のルーティンをつくること，マッサージなどで血行を良くすることなどで夜泣きが減ることがあるようです。しかしはっきりとした原因や対策はわからないとされています。まずは保護者の大変さや頑張りに共感しながら丁寧に話を聞きましょう。兄弟のいる保護者との間を繋いで，先輩の保護者に相談できるようにしてもいいかもしれません。「こうすべき」という正論を伝えるよりも共感の姿勢が大切です。

●ちょび先生のワンポイントアドバイス！

　保護者の性格や信頼関係を考慮した声掛けが大切です。頑張りすぎて辛くなってしまう保護者の場合は肩の力が抜けるように声を掛けたいもの。普段から，困りごとも気軽に話せるほどの信頼関係を築けるよう心掛けましょう。対応に困った時には上司や先輩に相談しましょう。

良い保育ってなんだろう

　保育士になって２年目。とある研修で「おどし保育をしていませんか？」と言われました。おどしだなんて，そんな怖いことしているわけがないじゃない！　と思って話を聞いてみると，「片付けしないならご飯あげないよ」「お話聞けないならあっちに行っていなさい」「寝ないならお布団片付けちゃうよ」そんな声掛けはしていませんか？　というのです。

　当時の私はそんな声掛けを毎日していました。もちろん最初からそんなことは言いません。「片付けしてご飯にしよう」と言っても，「今日のご飯は何だろうね？」なんて言っても何を言っても片付けない子に対して「もう！片付けしないならご飯あげないよ」となるわけです。

　先輩もそういう言い方をしているし，それ以外にどう声を掛けたら子どもが動いてくれるのか，想像がつかなかった私。「それっていけないんですか？」なんて聞いてみたら「あなたの周りには良い保育士がいないのね」と言われて，ますます混乱……。私にとっては周りの先輩が保育士の見本であり，保育士に対して良い，良くないなんて考えたこともありませんでした。もし良い保育士とそうでない保育士がいるんだとしたら，私は良い保育士になりたい。

　そこから私の保育の探究が始まりました。本を読んだりとにかく研修に行ったりして少しずつ私なりの「良い保育士」のイメージをつくっていきました。保育に答えやゴールはありません。それって本当に良い保育なのだろうか？　もっと良い保育士になるにはどうしたらいいのか。きっといくつになってもそんな想いを持ち続けて保育を探究していくことが大切なのだろうと思っています。「良い保育ってなんだろう」そんな風に考え始めた時に，保育の魅力がぐっと深まります。日本中の保育士のみんなで，良い保育士を目指していきたいですね。

Part 2

1歳児のQ&A

1

押さえておきたい
1歳児クラスの基礎・基本

葛藤する子どもの気持ちを言葉にして受け止めよう

　自分でできることが少しずつ増え，なんでも「自分で」と言ったり，自我が芽生えてきて，なんでも「イヤイヤ」と自己主張したりする姿が増えてきます。様々な感情の中で葛藤する子どもたちの気持ちを最初に必ず受容することが大切です。集団生活の中ではやりたいことを実現させてあげられないこともありますが，気持ちだけは受け止めることができます。「悲しかったね」「○○したかったんだね」と気持ちや状況を言葉にし，温かく受け止める姿勢が大切です。

たくさんのものや感情と出会うことを大切にしよう

　主体的に遊びを楽しむ中で，植物・動物・虫・様々な感触の素材やおもちゃなどに出会い，世界を広げる喜びをたくさん味わってほしい時期です。また，時にはけんかをしたり泣いたりしながら，遊びの中で抱く「嫌だ，悲しい，楽しい，面白い」など，様々な感情との出会いを大切にしていきましょう。保育者に見守られた安心できる環境の中で，様々なものや感情と出会い，自分自身や周りの世界を知ることを楽しめるように援助しましょう。

子どものやりたい気持ちを温かく見守ろう

　1歳児は，安心できる人を安全基地にして，少しずつ自分の行動範囲を広げていきます。あっちにもこっちにも魅力的なものがたくさんあり，目をキラキラさせて探索活動を楽しみながら世界を広げていくでしょう。安全を確保しながら，子どもたちが興味をもち，様々なものに意欲的に関わったり挑戦したりする姿を，温かく見守っていきましょう。

1歳児担任にオススメグッズ

手袋シアター

ティッシュの肩掛けケース

少人数で活動することの多い1歳児クラス，絵本やパネルシアターも大人気ですが，5・6人の集団の時には，こじんまりと手袋シアターをしてみてはどうでしょうか。きっと子どもたちは集中してみてくれますよ。

鼻水が垂れていることが多い1歳児。そこで肩掛けケースがあると，保育者が持って歩けるので，散歩先でもリュックに何度も取りに行ったりすることなく，すぐに拭くことができて便利です。鼻水を拭く時はいきなり拭くのではなく，必ずひと声掛けてくださいね。

1歳児担任になったら確認しておきたいこと

□ 保育所保育指針・全体的な計画
□ 1歳児の発達の道筋（発達段階）
□ SIDS のチェックの仕方とポイント
□ 1歳児が罹りやすい病気について
□ 室内の危険個所の点検（おもちゃのサイズや破損も含めて確認）
□ 手遊びやパネルシアター
□ ふれあい遊びやわらべうた

2 — 1歳児の発達に合わせた遊び

真似っこを楽しもう

　イメージする力がついてきて，普段の生活のワンシーンを再現してままごと遊びを楽しむようになります。カバンや食べ物など身近なもののままごとグッズを用意しましょう。真似をしながら手先や体を思うように動かせるようになっていくので手遊びや体操などをたくさん楽しみましょう。

指先を使った遊びをたくさん取り入れよう

　手先がどんどん器用になっていきます。右手と左手を使い分けて紐通しをしたり，指先にも力が入るようになって粘土をちぎったりできるようになります。ボタンはめやシール貼り，新聞破り・積み木やパズルなどを取り入れても良いでしょう。またスプーンを使っての移し替え遊びなど，道具を使って遊ぶこともできるようになります。

探索活動をたくさんしよう

　安全な環境の中で，歩いたり走ったりして体を存分に動かし，虫や自然物などとの様々な出会いを楽しめるようにしましょう。また子どものやりたい，知りたいという意欲や好奇心を大切にしていきましょう。指さしや言葉も増えてくる時期なので，子どもたちの発見や気づきに共感していくことも大切です。

3 ▸ 1歳児の保育環境のポイント

おもちゃは取り出しやすく，しまいやすいように置こう

「やってみたい」と子どもたちが自ら関わろうとする気持ちが大切です。いくつかのおもちゃの中から，やりたい遊びを自分で選べる環境をつくりましょう。子どもたちの発達の様子に合わせて，時々おもちゃを入れ替えましょう。片付けがしやすいように，写真で片付け場所を表示したり，ひとつのかごにたくさん入れ過ぎないようにしたりしましょう。

マイスペースをつくって，じっくり遊びこめる環境をつくろう

ひとりでじっくり遊びこむことが楽しい時期です。子どもがひとりで入れる小さめの段ボール箱を用意すると，好きなおもちゃを集めて誰にも邪魔されない自分だけの世界に浸り，じっくりと遊びこむ姿が見られます。遊びごとにコーナーを分けて仕切りを置くと集中して遊びこめるようになります。何かできた時には「できたよ」と保育者の顔を見ることもよくあります。その時には「できたね！」とアイコンタクトがとれるように，視野を広くして遊びの様子を見守りましょう。

くつろげるスペースも忘れずに用意しよう

眠たい時や疲れた時には，ゴロンと横になるなどしてくつろげるスペースをつくりましょう。布団や大きいクッション，ソファなどがあると良いですね。時には保育者の膝の上で絵本を読んだり，ふれあい遊びでスキンシップを楽しんだりと1対1でまったりとした時間を過ごせるようにしましょう。

uestion 1

眠たいのはわかるけれど食べてほしい……

食事中に眠たくなっちゃう子には，
どう対応すればいいの？

nswer

無理に起こさず，睡眠を優先させよう

食べたいという気持ちで食べることが大切です。無理に起こさずに
心地良く過ごすことを優先させましょう。

　ちゃんと食べてから寝てほしい，と思うと顔を洗ってみたり，少し園内を
歩き回ってみたりして何とか目覚めさせようとしてしまいますが，我慢がで
きないほど眠たい時に無理やりご飯を食べさせられるなんて大人でも嫌です
よね。少しの呼びかけで目覚められる場合は良いですが，無理に起こしても
楽しい食事はできません。どうしても眠たい時には睡眠を優先させましょう。
起きてからお腹が空いてしまう場合は，調理員と連携をとり，おやつを多め
に出してもらうなどの対応をしましょう。

●ちょび先生のワンポイントアドバイス！

　毎日のように食事中眠たくなってしまう場合は，生活リズムを見直
しましょう。朝起きた時間や，眠たくなるタイミングもそれぞれで
す。家庭での時間も含めた生活リズムを把握し，クラスの生活に時
間差をつけるなどして，できるだけひとりひとりが心地良く園生活
を過ごせるように工夫しましょう。

uestion 2

こないだまで食べていたのに……

野菜を食べてもらうには，どうすればいいの？

Answer

子どもたちの食べてみたいという気持ちを
引き出す関わりを大切にしよう

人は本能的に野菜が苦手と言われています。無理強いせず，いつか
「食べたい」と思ってくれればそれで良し，という気持ちで援助し
ましょう。

　苦味は毒物，酸味は腐敗や未熟を知らせる味でもあるため，人は苦味や酸
味を避けようとする働きが本能的にあるようです。そのため特に苦味や酸味
の強い野菜を嫌う傾向がありますが，無理に食べさせようとするのは逆効果。
大人でも，苦手な食べ物を「一口だけ」と言って口に入れられたら嫌ですよ
ね。美味しそうに食べる姿を繰り返し見せて，食べると美味しい，元気にな
るよ，ということを伝えていきましょう。結果を焦ってはいけません。子ど
もから「食べてみよう」の気持ちが出てくるのを待ちましょう。細かく刻ん
だり味付けや調理法を変えたりすると食べてくれることもあります。

ちょび先生のワンポイントアドバイス！

　見た目で「食べられない」と思うこともあるようです。「一口ね」
と食べさせるよりも，お皿に乗せる量をぐっと減らして，「このく
らいならどう？」と聞くと食べてくれることがあります。一口食べ
ると「美味しい！」と減らした分ももりもり食べてくれることがあ
りますよ。断られたら無理強いしないのが得策です。

Question 3
いつからどうやって始めたらいい？

トイレトレーニングを始める時の
ポイントは？

Answer
子どもたちが自分からトイレに行こうと思える
気持ちを大切にしよう

だんだんと排尿の感覚がわかってくる頃です。「トイレの時間だから行こう」よりも，「出そうかな？」と子どもたちのタイミングや気持ちに合わせる姿勢が大切です。

　排尿の間隔が２時間程になり，歩行が安定し，大人との意思の疎通がある程度とれるようになったら始め時。まずはおむつが濡れていない時にトイレに誘い座らせてみましょう。年上の子がトイレに行く様子を見ると「僕も座ってみたい」と思うようになりますよ。

　トイレが行きたい場所になるように，好きなものの絵を貼るなどの工夫も大切です。無理やり連れていかれると，「トイレは嫌な場所」となってしまいますから，子どもたちがプラスの気持ちでトイレに行けるよう，環境構成やタイミングなどに配慮して，無理なくそれぞれのペースで進めましょう。

ちょび先生のワンポイントアドバイス！

　忙しいと，決まった時間にトイレに連れていくことだけに目が向いてしまいがち。しかしトイレのタイミングはひとりひとり違います。「おしっこ出そうかな？」「おトイレ行く？」と子どもが感じている感覚やひとりひとりのタイミングを大切にすることを心掛けましょう。

uestion 4

なかなか集中してくれない，自分でやろうとしてくれない……

1歳児の着替え，援助のポイントは？

nswer

子どもたちが少しずつ自分で着替えられる
ように援助しよう

保育者がどれだけ待てるかが"肝"です。時間に余裕をもって，丁
寧に援助しましょう。

　何でも保育者がやってしまうと，なかなか自分で着替えられるようになり
ません。Ｔシャツの裾を子どもに持ってもらい自分で頭を通す，ズボンを履
く時には自分でひっぱってみるなど，できるところは自分でできるように援
助しましょう。仕切りでおもちゃが見えないようにする，足がつく高さの椅
子に座って着替えるなど環境面での工夫も必要です。着替えではついつい大
人が手を出してしまいがち。子どもたちのやってみようという意欲を引き出
し，それを待てるように生活の流れを工夫しましょう。

●ちょび先生のワンポイントアドバイス！

時にはうまく着替えができずに泣き出す姿もあるかもしれません。
「頑張ってやってみなさい」よりも「困ったらいつでも助けるから
教えてね」というスタンスでいた方が子どもたちは「やってみよ
う」とやる気が出るようです。子どもたちの頑張る姿を温かく見守
れる保育をしましょう。

Question 5
何度言ってもぐちゃぐちゃ……
洋服をきちんと畳めるようにするための援助のポイントは？

Answer
やらせるよりも，やりたくなる関わりを大切にしよう

まずは保育者が毎日きれいに畳みましょう。子どもたちの意欲を引き出しながら，きれいにしまうことの心地良さを感じられるようにしましょう。

日頃から保育者が「脱いだお洋服は畳んでおくね」と当たり前に服を畳み，きれいにしまう姿を見せることが大切です。０歳児クラスからの積み重ねも大切になってくるところですね。１歳児クラスも後半になり，脱いだ服は畳むということが伝わってくると「畳みなさい」と言わなくても「ジブンデ」と言って畳んでみようとする姿が出てきます。お手伝い好きな子どもたちですから，「やりなさい」よりも「手伝って」の方が子どもは張り切ってやってくれます。最後のひと折りくらいから子どもに手伝ってもらいながら，きれいにしまうことの心地良さを伝えていきましょう。

ちょび先生のワンポイントアドバイス！

着替えの援助や服を畳む順序は保育者間で共通認識をもち，合わせておくことが大切です。援助の手順を絵に描いたり動画に撮ったり（扱いには注意すること）して共有してもいいでしょう。クラスだよりなどで家庭にも援助の仕方やポイントを知らせて同じようにやってもらえるようにしましょう。

Question 6

なかなか寝ずに遊んだりふざけたり……

なかなか寝付けない子には，どう対応すればいいの？

Answer

安心して眠れるための環境をつくろう

生活リズムはひとりひとり違うということを忘れずに。
トントン叩いて「寝かしつける」よりも，「眠りたくなる」環境づくりが大切です。

　布団を敷く場所を固定する，おもちゃが視界に入らないよう布をかぶせる等の環境を整えましょう。また，お気に入りのぬいぐるみや家族の写真などの"安心グッズ"をひとり1つ持つというのもオススメです。子守唄は心拍数を下げ安心感を与えると言われます。体をさすったり，時には抱っこをしたりしながら子守唄を歌い，安心して眠れるように援助しましょう。耳を触る，頭をなでるなど，子どもそれぞれの安心ポイントがあることも。家庭での入眠の様子を聞きながら，その子にあった対応を模索しましょう。

 ちょび先生のワンポイントアドバイス！

　耳の近くで寝息をたてると安心して眠れることが多いですよ。生活リズムや必要な睡眠は人によって違うので，"全員一斉に寝る"にこだわりすぎてはいけません。「いっぱい寝て元気になったらまた遊ぼうね」そんな肯定的な声掛けをしながら，心地良く眠れるようにしましょう。

登らないでと言ったのに……ここは入っちゃだめって言ったのに……

何度言っても言うことを聞いてくれない時，どうすればいいの？

nswer

禁止語ばかりにならない環境づくりを心掛けよう

理由を添えてわかりやすく簡潔に伝えることが大切です。注意ばかりになっている場合には，保育の環境を見直す必要があるかもしれません。

「これはブーだよ」と言いながら指でバツのジェスチャーをするなど，担任間で統一した目で見てわかりやすい伝え方を考えましょう。台があれば登りたくなり，隙間があれば入りたいのが子どもです。決して大人を困らせようとしているわけではありません。どうしても止めてほしい場合は登れるものを置かない，触ってほしくないものはしまうなど環境を見直しましょう。やりたいことは育ちたいことでもあります。ここなら良いよ，という代案を用意してやりたい気持ちを保障できるようにしていくことも大切です。

ちょび先生のワンポイントアドバイス！

「走っちゃダメ」よりも「歩こうね」，「登っちゃダメ」よりも「降りましょう」とやってほしいことを伝えるようにしましょう。怒って言うことを聞かせることは，即効性がありますが，本質的な学びにはなりません。いけない理由を必ず伝えて子どもと対話をすることが大切です。

48

Question 8

これがイヤイヤ期!?

何を言っても「イヤ」と大泣きしてしまう子には，どう対応すればいいの？

Answer

気持ちだけはしっかり受け止めよう

イヤイヤは成長の証。子どもが何を主張したいのか，言葉の裏にある自我の芽生えを受け止めましょう。時間と気持ちに余裕をもって関わることも大切です。

だんだんと意思表示ができるようになり，イヤだと言うことも増えてきますよね。イヤだと主張するのは自我が芽生え，自立への第一歩を踏み出した証拠です。大人には理解しにくい主張もあるかもしれませんが，まずは「イヤだ」という気持ちを受け止めることが大切です。「そうか，イヤだったんだね」とその要求が可能か不可能かに関わらず，まずその気持ちを受け止めましょう。「どうしたかったのかな」と子どもの気持ちを聞く姿勢が大切です。保育者も心にゆとりをもって子どもの成長を温かく受け止めましょう。

ちょび先生のワンポイントアドバイス！

「こうしたかったんだね」と伝えると，わかってもらえた安心感から気持ちが少し落ち着きます。泣いているうちに何が嫌だったのかわからなくなってしまうこともあります。他のことに興味を向けたり少しユーモアをもって関わったりして，気持ちを切り替えてあげることも時には必要です。

Question 9

一人ではできないことなのに……

何でも「ジブンデ」とやりたがる子には，どう対応すればいいの？

Answer

大いなる挑戦を温かく見守ろう

結果よりもやってみようという意欲を大切に。上手くできない時には助けるよ，という温かい気持ちで子どもたちなりの挑戦を見守りましょう。

　成長とともにできることが増えてきた子どもたち。自分の力でどこまでできるか知りたくて，なんでも「ジブンデ」と挑戦します。一見「まだひとりではできない」と思うようなこともありますが，やってみようとする気持ちは大切にしてあげたいものです。うまくできる・できないに関わらず，やってみようと挑戦する気持ちは，人を大きく成長させてくれるとともに，自己理解にも繋がります。まずはその意欲を十分認め，危険でないことは，時間の許す限り温かく応援しましょう。

 ちょび先生のワンポイントアドバイス！

自分でやってみるのはいいけれど，思い通りにいかなくて，癇癪を起こして大泣き……なんてこともありますよね。できない時には，人に助けを求める力も生きていく上では大切です。困っていたら「お手伝いしようか？」と声を掛けたり，事前に「困ったら助けるから教えてね」と伝えておいたりしましょう。

Question 10

貸してと言われたら，必ず「いーやーよー」と返す子が……

おもちゃの貸し借りでトラブルばかり，どうすればいいの？

Answer

自分と相手の気持ちに気が付けるように伝えよう

「貸してほしい」も「嫌だ」もどちらの気持ちも大切に。トラブルを通して人との関わり方を学べるように，保育者が解決しようとしすぎないことが大切です。

　黙って人のおもちゃを取ってしまったり，「貸して」と言うと「嫌よ」と言われて大泣きしたり。1歳児はおもちゃの取り合いでのトラブルが絶えないですよね。そんな時，保育者はついつい解決しようと「ずっと使っているから貸してあげなさい」などと言ってしまいがちです。しかしこのようなトラブルを通して子どもたちは，自分や相手に気持ちがあること，気持ちの折り合いの付け方等を学んでいます。保育者は「A君貸してほしいんだね」「B君は貸したくないんだね」と相互の気持ちや状況を整理して伝えるようにしましょう。

ちょび先生のワンポイントアドバイス！

　「違うことをして待っていようか」「1つなら貸してあげられる？」等，解決のためのヒントを伝えたり，気持ちを切り替えるきっかけをつくってあげたりしましょう。貸してあげるのか，あげないのか，判断するのはあくまでも子どもたち。保育者は見守ったりサポートしたりする姿勢が大切です。

Question 11

気を付けていても止められない……

噛みつきのトラブル，どう対応すれば いいの？

子どもの気持ちを受け止めるところから始めよう

噛む子にも理由があります。まずは状況を確認し，気持ちを聞くところから始めましょう。大声で叱る必要はありませんが真剣に伝えることが大切です。

　言葉やコミュニケーション能力が未熟なために1歳児に多い噛みつき。泣いたり叩いたりするのと同様の感情表現のひとつではありますが，跡が残ることも多く，困ってしまいますよね。噛みつくにもその子なりの理由があるので，まずは状況を確認し，「○○が嫌だったのね」と気持ちを受け止めて言語化していきましょう。少し落ち着いてから，いけない理由とどうしたらよかったのかを伝えます。その後噛みつくのを我慢する姿があった際にはすかさずに認めていくことも大切です。

● ちょび先生のワンポイントアドバイス！

大事なことを伝えないといけないと思うと，つい大きな声で言ってしまいがちですが，大きな声で叱られると恐怖感だけが印象に残ってしまうことも。次は叱られないように気を付けよう，では本質的な解決にはなりません。目を合わせたり手を握ったり，話に集中できる場所を選んだりして，いけない理由を真剣に伝えましょう。わかりやすく簡潔に伝えることが大切です。

uestion 12

危険だからちゃんと繋いでほしいのに……
散歩中に手を繋ごうとしてくれない子には，どう対応すればいいの？

Answer

危険が伴うことは理由を添えて真剣に伝えよう

気持ちを受け止めながら，繋いでほしい理由を伝えましょう。時には，ユーモアを交えながら気持ちを切り替えられるように援助していきましょう。

　自分で自由に歩くことが楽しくなる頃ですから，手を繋ぎたくない気持ちもよくわかりますよね。手を繋がないと危ない場面では，真剣な表情でしっかり伝えることが必要です。「嫌なんだね」と気持ちを受け止めた上で，目線を合わせたり手を握ったりして，どうしてほしいのかや，いけない理由を具体的かつ簡潔に伝えましょう。「公園に着いたら離していいからね」とその先の見通しも伝えられると良いですね。1歳児も後半になると，友だちと手を繋げるようになってきます。繋げた時には褒めたり「ありがとう」「助かったよ」と感謝の気持ちを伝えましょう。

● ちょび先生のワンポイントアドバイス！

他のことに興味が向くと気持ちが落ち着いて嫌がらずに繋いでくれることがあります。安全を確保しながら歩き始め，歌ったりおしゃべりしたりしてみるのもひとつです。保育者の指に顔を描いておいて，「ボクと繋ごうよ」と誘ってみるなど，少しユーモアを加えてみるのもオススメです。

Question 13

おもちゃを出したら出しっぱなし……言ってもなかなか片付けない……

片付けを進んでやってもらうには，どうすればいいの？

保育者が笑顔で片付けよう

保育者が背中を見せることが大切です！　整理整頓されて気持ちの良い保育室環境を子どもと一緒につくりましょう。

　出したものは片付けるということを保育者の姿を見て子どもたちは学んでいきます。子どもたちに無理にやらせる必要はありません。「これ，使っていないならしまっておくね」と笑顔で片付けましょう。また子どもたちは色や形を分類することが好きなので，できるだけわかりやすく，しまいやすい片付け場になるよう工夫することが大切。どのように片付けたらいいのかが目で見てすぐにわかるように，写真を貼っておくと良いでしょう。おもちゃがたくさんありすぎると片付けるのが大変です。おもちゃの量も考慮しましょう。

ちょび先生のワンポイントアドバイス！

片付けをしてくれる子に「偉いね」「かっこいいね」と評価の言葉をかけてしまいがち。子どもは褒められるために片付けをするわけではありませんから「片付けてくれて助かった」「きれいになって嬉しい」というアイメッセージを意識して言葉を掛けたり，「しまっておけばなくならないね」と片付けるメリットを伝えたりしましょう。

uestion 14

お水が大好きなのはわかるけど……

室内の水道で遊ぶのを止めさせるには, どうすればいいの？

nswer

やってほしくない時は, 子どもの視界に 入らないように工夫しよう

お水があったら遊びたい！ それが子どもの性です。満足するまで 遊んでみてもいいのでは？ やってほしくない場合は視界に入らな いようにする工夫も必要です。

そもそも止めないといけない理由はなんでしょうか。もったいないという ことを伝えたいなど, 保育者の意図がある時は, 止めてほしい理由を添えて 止めましょう。そうでなければ満足するまで遊んでみてはどうでしょうか。 よく見ると水の量を調整していたり, 水がはねる様子を観察したりして子ど もたちなりに研究していることがわかります。いたずらに見えることもあり ますが, 子どもたちにとっては研究なのです。好奇心をもって探究すること が大きくなってからの学びへ向かう意欲に繋がっていきます。

● ちょび先生のワンポイントアドバイス！

子どもは表情で気持ちを読み取りますから, 悲しい表情で伝えてみ ると良いでしょう。お外でやろうね, など別の形で保障できる場合 は代案を考え伝えましょう。どうしても止めてほしい場合は視界に 入らないように布をかけるなどの工夫をすることも大切です。

Question 15

1人ひとつはやってほしいんだけど……

絵の具の製作を嫌がってやろうとしない 子には，どう対応すればいいの？

Answer

それぞれの「楽しい」を引き出すことを 大切にしよう

製作や絵画などの表現活動は，「やってみたい」「表現したい」の気持ちが一番大切です。その子に合わせて「やってみたい」と思える活動や声掛けの工夫をしましょう。

　無理やり他の子と同じ活動をさせるよりも，その子が「楽しい」と思える活動の方法を考えるほうが良いです。絵の具が手につくことが嫌な場合は，筆やタンポなど道具の活用をしましょう。絵の具ではなくクレヨンにするなど画材を変えてみてもいいでしょう。保育所保育指針では，「感じたことや考えたことを自分なりに表現することを通して，豊かな感性や表現する力を養い，創造性を豊かにする」とあります。みんなと同じ作品をつくることにとらわれず，「やってみたい」の気持ちで取り組めるように工夫しましょう。

ちょび先生のワンポイントアドバイス！

大人でも絵が得意な人もいれば描きたくない人，人に見せたくない人もいますよね。みんなが同じ製作をし，ひとり1枚壁面に貼る，そんなルールがあるとしたら，見直してみても良いのかもしれません。やりたい子は何枚でもやり，掲示したい子は掲示する，「僕はやらない」という選択も保障してあげられる，保育園がそんな安心の場であったらいいなと思います。

Question 16

べとべとになったら嫌だなぁ……

のりを使った製作をする時の
ポイントは？

Answer

素材と仲良くなるところから始めよう

べとべとになってもいいのではないでしょうか。うまく扱えるように，と考えるのはもっと先。大人の思う正しい遊び方を押し付けていませんか？

　大人にとっては「接着するもの」ですが，子どもにとっては「ぐちゃぐちゃしている物体」です。最初からきれいに正しく使おうとすると指示語や禁止語ばかりで息苦しい時間になってしまいます。まずは素材と仲良くなり興味をもったり性質を知ったりすることが大切です。やりたいのであれば手にぐちゃぐちゃ塗って感触を楽しんでみても良いのではないでしょうか。保育者がのりを使って紙を貼る姿を見せていると，次第に子どもたちは，「これは貼るもの」と認識し，貼ってみようとし始めます。扱い方を伝えるのはそこからでいいのです。

ちょび先生のワンポイントアドバイス！

クレヨンを描かずに並べたり，粘土をこねずに転がしたりと，子どもたちは様々な視点で素材に興味をもって関わろうとします。正しい遊び方を教えようとしてしまいがちですが，遊びに正しさなんてありません。そしてまずは興味をもつことが大切。危険なことでない限り，遊び方を押し付ける必要はありませんね。

コミュニケーション

Q uestion 17
どんな絵本がいいのかな？

1歳児にぴったりな絵本の選び方は？

A nswer

絵本を通して言葉のやり取りを楽しもう

子どもたちにとって身近なものを選びましょう。置き場所や置き方，置く冊数も考慮すると絵本の楽しみ方が広がります。

　少しずつ言葉が出始める1歳児クラスの子どもたち。オノマトペやリズム感のある絵本を取り入れて，様々な表現を楽しみたい時期です。子どもたちの知っている身近なものや，よくある生活のシーン，言えるようになった色の名前が出てくる絵本など，子どもたちの興味や発達に合わせた絵本を選びましょう。言葉を真似たり発見したことを指さしたりしてやり取りを楽しんで読める絵本も大好きです。背景がシンプルであったり，絵や色がはっきりしていたりしてわかりやすいものを選んだ方がいいでしょう。

 ちょび先生のワンポイントアドバイス！

　友だちと「一緒」が嬉しくなってくる時期でもあります。人気の絵本を2・3冊用意しておくと，友だちと一緒に絵本を開いて「同じだね」と気持ちを通わせる姿が見られることも。子どもたちが手に取りやすいところに絵本を置いておいたり，平置きにしたりと絵本コーナーを工夫することも大切です。

Question 18

もっと子どもたちと絵本を楽しみたい！

1歳児の絵本の読み方のポイントは？

Answer

リラックスできる空間でお気に入りの絵本を楽しもう

大好きな絵本を何度も読んで絵本の世界を存分に楽しみましょう。大人数で静かに読むよりも，少人数で子どもたちのやり取りを楽しみながら読むことが大切です。

　大好きな絵本を何度も読んで，言葉への興味を深めたり，絵本の楽しさを十分に味わったりすることが大切です。お気に入りの絵本を持ってきたら「さっき読んだでしょう」なんて言わずに何度でも読んであげてくださいね。

　読む時の環境を整えることも大切です。周りで他児が走り回っていたら集中できませんから，保育室の端の方に絵本コーナーを設置し，ベンチやソファなどを置いてリラックスしながら読める空間をつくりましょう。

ちょび先生のワンポイントアドバイス！

　気付きや発見を言葉にしたり指をさしたりして楽しむ時期です。上手に座り静かに聞くことを求めると子どもも大人も苦しくなりますね。指をさしてあぁだこうだと言いながら楽しみたいものです。一斉に読み聞かせをすることも出てきますが，1対1や少人数でじっくり楽しむ機会を大切にしましょう。

新しい手遊びをしたら静かになっちゃった……

手遊びを楽しむ時のポイントは？

めげずに３回，やってみよう

子どもたちの反応をうかがいすぎず，保育者が楽しそうな姿を見せることが１番。子どもたちの好きそうな手遊びを取り入れて，楽しい時間を過ごしましょう。

　楽しみながらリズム感やイメージ力を育み，指先を動かす練習にもなる手遊び。発達や季節に合わせたものをたくさん楽しみたいですよね。１歳児の子どもたちの前でやると，最初はジッと静かに見ていることが多いですが，盛り上がらなかった，と落ち込まなくても大丈夫。模倣遊びが大好きな子どもたちは保育者の動きや歌詞をすぐに覚えて必ず真似っこしてくれますよ。まずはめげずに３回，やってみましょう。動きや言葉がわかりやすいようにゆっくり・はっきり行います。何より保育者が楽しくやって見せることが１番です。

●ちょび先生のワンポイントアドバイス！

手を叩く，握ったり開いたりする，指を１本ずつ動かす，など子どもたちの発達の様子に合わせたものを取り入れましょう。知っている手遊びに子どもたちの好きなものや興味のあるものを取り入れるなどアレンジしても楽しいですね。上手にやることより楽しくやることを大切にしましょう。

Question 20

保護者になんて伝えたらいいんだろう……

噛みつきがあった時の保護者対応って, どうすればいいの？

Answer

止められなかったことを誠意をもって謝罪しよう

まずは上司に報告・相談をしましょう。保護者には誠意をもって対応することが大切です。できるだけ未然に防げるように対策していきましょう。

　噛みつきがあった場合には上司にすぐ報告をし，保護者対応の相談をしておきましょう。噛みつきが起きやすい年齢だとわかっていたとしても，我が子にくっきり歯形がついていたら保護者はショックを受けるものです。噛まれた子の保護者には，止められなかったことをまず謝罪しましょう。また噛みつきが起きてしまった経緯，園での対応，今後の改善策についても丁寧に話をすることが大切です。噛んだ子の保護者に伝えるかどうかは園の方針にもよるので，上司に相談しましょう。

 ちょび先生のワンポイントアドバイス！

事前にクラスだよりや保護者会などで，噛みつきやひっかきなどが起こりやすい年齢であること，噛みつきはまだ言葉が未発達な1歳児なりの感情表現であることなどを伝えておけるといいですね。できるだけ未然に防げるようにチームワークをさらに良くして対策していきましょう。

大事なことは
保育所保育指針に書いてある

　みなさんは，保育所保育指針をどれだけ身近に感じているでしょうか？きっと大学で習ったはずの保育所保育指針なのですが，私はまったく記憶に残っておらず，そして興味もなく，保育士になってからはほとんど開くことはありませんでした……。保育士2年目になって，読んでみようと思ったことがありましたが，解説書を開くと眠くなってしまい3日で挫折。

　しかし，良い保育とは？　と考え始めた今，保育所保育指針を読んでみると「なんだ，大事なこと全部ここに書いてあるじゃん」なんて思うのです。

　保育所保育指針には「一人一人」という言葉がたくさん出てきます。子どもたちを規律よく座らせて，同じ活動をさせ，同じ時間に同じ量の食事を食べさせましょう。なんてことはひと言も書いていないわけです。

　良い保育に迷ったら，保育所保育指針をぜひ開いてみてほしいなと思います。私たち保育士が立ち返るべきなのは保育所保育指針です。

　私はひとりで読むのは無理だと思い，仲間を巻き込んで読み合わせの会を開催していました。最近はひとりで読むのが無理！　な私のような方へ，YouTube で保育所保育指針の紹介動画を配信しています。保育士が参考にするためにつくられた指針ですから，少しでも身近に感じてくれる保育士さんが増えると良いなと思います。

　読んでも読んでも深いところまで理解するのはなかなか難しいなと思いますが，保育の大切な考え方が詰まっています。ぜひ手に取って読んでみてくださいね。

●Youtube チャンネル●

　「保育士ちょび園長の保育・子育て応援TV」

　　～子どもと，もっと楽しく，もっと素敵に関わろう～

Part 3

2歳児のQ&A

押さえておきたい
2歳児クラスの基礎・基本

信頼関係を深め，学びを広げていく応答的な関わりを大切にしよう

保育者にべったりくっついていることは減りますが，友だちとトラブルになって泣いたり，何かに驚いて不安になったりということもまだまだ多い年齢です。困った時には必ず助けてくれる人がいることで，安心感をもって様々なことにチャレンジしていくことができます。必ずひと言目は子どもの思いや感情を言葉にして受容しましょう。

安全な環境の中で，葛藤とルールの意義を経験できるようにしよう

友だちと関わる中で，時にはけんかをしながら自分の気持ちの伝え方や相手にも気持ちがあることがわかっていきます。思い通りにいかない時の様々な葛藤経験も大事にしながら，自分も他人も気持ち良く過ごしていける社会のルールがあることを伝えていきましょう。良いことやいけないこと，危ないことややってはいけないことなどは，大人が決め過ぎず，子どもと一緒に考えていくことを大切にしましょう。

子どもの挑戦を，温かく応援しよう

成長と共にできることが増えてくる子どもたち。はさみやのりを使ってみたり，段差からジャンプしてみたり……どんなことでも「やってみたい」と意欲満々です。やってみたいと思う気持ちを大切にし，安全に気を付けながら子どもたちの大いなる挑戦の様子を温かく見守り応援しましょう。

2歳児担任にオススメグッズ

即席虫かご	こぼれないシャボン玉ケース

散歩先で虫を捕まえた，なんてことがありますよね。虫かごを毎回持っていくのが大変な時は，リュックの中に三角コーナー用の水切りネットと輪ゴムを入れておくと便利です。捕まえた虫を中に入れて輪ゴムで結べば即席虫かごの出来上がり。紐をつけたら肩からかけられます。

シャボン玉を子どもたちに吹かせたいけれど，すぐに液をこぼしてしまうことってありますよね。そんな時は，逆さまにしても液がこぼれないシャボン玉ケースを活用してみましょう。100円均一で売っています。1・2歳児のシャボン玉遊びにはとても重宝しますよ。

2歳児担任になったら確認しておきたいこと

- ☐ 保育所保育指針・全体的な計画
- ☐ 2歳児の発達の道筋（発達段階）
- ☐ SIDS のチェックの仕方とポイント
- ☐ 2歳児が罹りやすい病気について
- ☐ 室内の危険個所の点検（おもちゃのサイズや破損も含めて確認）
- ☐ 手遊びやパネルシアター
- ☐ ふれあい遊びやわらべうた

2 — 2歳児の発達に合わせた遊び

なりきって遊ぶごっこ遊びを楽しもう

　2歳児になるとイメージの世界を広げて遊ぶことを楽しむようになります。何かになりきってのごっこ遊びが大好きです。ごっこ遊びを友だちと一緒に楽しむ中で，想像力や言語力，コミュニケーション力が育っていきますから，たくさん遊んでほしいもの。まだ基本は並行遊びですが，保育者の適度な橋渡しや仲立ちによって，少しずつ友だちの存在を意識して関わる姿が見られるようになります。2歳児には，ままごと，お医者さんごっこ，ヒーローヒロインごっこ，動物ごっこなどが人気です。遊びを盛り上げるカバンや白衣，衣装やステッキ等を揃えておくことが大切です。

とにかくたくさん体を動かそう

　体力が底なしと思うほどずっと走っていられる子どもたち。体を動かすことで体力がつくだけでなく，脳が発達し，情緒が安定し，お腹が空いて健常な生活リズムを促すことにも繋がります。ただ走ることも大好きですが，体をコントロールする力がついてくるので，斜面や段差などをよじ登ったり平均台を渡ったり，音に合わせて速さや動きの大きさを変えたりして楽しんでみましょう。

指先を使う遊びに集中して取り組もう

　はさみやのりなどの道具を使って遊ぶことを楽しめるようになってきます。シールを貼ったり，クレヨンやペンを使って絵を描いたりすることも大好きです。ビーズの紐通しやボタンはめなど指先を使ってじっくり遊びこめるおもちゃを用意しておきましょう。

3 ▶ 2歳児の保育環境のポイント

身の回りのことを自分でできるような環境にしよう

　食事の前にうがいや手洗いをすること，着替えた服や食事のエプロンをしまうこと，鼻水をふいたティッシュを捨てることなど，身の回りのことが自分でできるようになっていく時期です。導線の配慮はもちろん，着替え入れは口の広い袋を使うなど，子どもたちが扱いやすいものを揃えておきましょう。

自然物コーナーをつくろう

　虫や花などの自然物に興味をもち，拾ったり捕まえたり変化に気付いたりし始めるころです。特に都会にある園では自然の美しさや不思議さ，命の尊さを感じられる場面を意図的につくっていきたいものです。四季を感じられるような花や虫，簡単な図鑑や写真などがあると楽しめます。散歩先で出会ったお花や木の実などを飾っておいても良いですね。

ごっこ遊びコーナーを充実させよう

　イメージする力がついてきて，ごっこ遊びが盛んになります。子どもたちの生活の中でよく体験する食事の場面や病院での受診など身近なワンシーンを遊びの中に取り込んで楽しむ姿が増えてきます。ごっこ遊びは環境を整えることが大切です。遊びで連想されるもの，見立てられるもの，使う道具や衣装など，子どもたちの遊びの様子に合わせて設置するようにしましょう。

生　活　習　慣

uestion 1
ご飯と汁を混ぜたり，食事中に横を向いたり……何度言っても直らない……

食事のマナーを伝える時のポイントは？

Answer

指摘するよりもできている時に褒めよう

マナーについては，食事が嫌にならないように，笑顔で丁寧に伝え
ましょう。保育園としてどこまでをマナーとして伝えるべきか話し
合い，職員間で共通認識をもっておくことが大切です。

　2歳児であれば，少しずつ食事のマナーについても伝えていきたいですよ
ね。しかし，すぐに直させようと思うと注意ばかりになり食事が嫌な時間に
なってしまいます。「こぼれないように前を向いて食べてほしいな」「別々に
食べた方が美味しいよ」など，あまり禁止語ばかりにならないように気を付
けて，笑顔で繰り返し伝えていくことが大切です。時々だったとしてもでき
ている時を見逃さずに褒めて，望ましい行動をフォローアップしていきまし
ょう。

 ちょび先生のワンポイントアドバイス！

　特に食事のマナーについては，保育士同士の価値観が違う場合が多
いです。色々混ぜても完食することが大切だ，と考える人もいれば，
おかずをご飯に乗せることすらマナー違反と考える人もいます。保
育者によって変わると子どもは混乱しますから，園としてどこまで
をマナーとして伝えていくべきか，話し合っておくことが大切です。

Question 2

もう少しは食べてほしいのに……

毎回給食を残してしまう子に食べてもらうためのポイントは？

Answer

「食べなさい」よりも「食べてみよう」と思える工夫をしよう

定量が決まっているからと言っても，食事量には個人差があることを忘れてはいけません。意欲的に食べられる工夫や援助を，時には子どもたちにも問いかけながら考えていきましょう。

　大人でもたくさん食べる人もいれば小食の人もいるように，子どももそれぞれ食べられる量が違います。毎回残してしまうよりは，最初から量を減らして完食できるように，その子にあった量の調節をすることが大切です。大人が一方的に「このくらいは食べなさい」と決めるよりも，「このくらいは食べられそう？」と聞きながら量を決めた方が，意欲的に食べてくれます。「あと一口」と言って無理に食べさせたりせず，楽しい雰囲気の中で意欲的に食べられる声掛けをしましょう。

 ちょび先生のワンポイントアドバイス！

　苦手なものは，食べてみようという気持ちがわくように小さく切ってみたり美味しそうに食べてみせたりと工夫しましょう。「チチンプイプイ〜」と美味しくなる魔法をかけると食べてくれることがありますよ。「お野菜食べると元気になるよ」と食の大切さも伝えていきましょう。

uestion 3

遊んでいる間にいつも漏れてしまうのに……

遊びの途中にトイレに行ってくれない子には，どう対応すればいいの？

失敗は成功のもと。体験しながら学んでいこう

活動の切り替えの時間でトイレに誘うようにしましょう。漏れてしまっても失敗を責めずに学びの機会へと変えていくことが大切です。

　楽しい時間を中断するのは難しいもの。出かける前や食事の前後など活動の切り替えの時間に誘ってみましょう。いつも大人の指示でトイレに行っていると，出そうか，大丈夫そうかと考える機会がなくなってしまいます。子どもが「出ない」というのであれば時には信じ，漏れてしまったら，「次はトイレでできると良いね」と笑顔で優しく伝えましょう。「座ってみて，出なかったら教えてね」と言うと便座に座りに行ってくれることもあります。子どもの「出ない」の主張を否定せず，失敗もおおらかに受け止めながら進めていきましょう。

ちょび先生のワンポイントアドバイス！

子どもの自尊心を傷つけないように，漏れた時の反応や周りの職員への報告は小さな声でしましょう。おもちゃを置いておくかごをトイレの近くに設置するなど，遊びの途中でも気持ちを切り替えやすい工夫をしておくことも大切です。

Question 4
着替えにまだまだ時間がかかる……

着替えをスムーズにするポイントは？

Answer
「困った時には助けるよ」で子どもの意欲を引き出そう
子どもたちが自分でやろうとする姿を見守り応援しましょう。
スムーズにいかないのが2歳児です。

　だんだんと自分で着替えることができるようになってきます。腕を抜くところ，ボタンを外すところなど，その子にとって難しいところは手伝いましょう。「困った時は助けるから教えてね」と声を掛けると安心感をもって意欲的に頑張る姿が出てきます。そっと手伝って，子どもたちが自分でできた！　と思えるように援助することも大切です。着替えに集中できるように，遊びの場と仕切ったり，足のつく椅子や台を用意したりするなど物的環境を整えましょう。

● ちょび先生のワンポイントアドバイス！

　まだまだ着替えには時間がかかります。0・1・2歳児で丁寧に関わり自分でできることを増やしていくことで，3・4・5歳児になった時にようやくスムーズになっていくもの。スムーズさを求めると着替えや服の片付けが雑になっていくことがありますから，焦らず丁寧に見守るようにしましょう。

コミュニケーション

Question 5

ふざけていたり，ゴロゴロと寝そべっていたり……

絵本の読み聞かせ，どうやったらきちんと座って見てくれるの？

Answer

保育者自身ができる工夫を考えよう

楽しそう！ 見たい！ の気持ちになれる声掛けを。一斉に絵本を見なくてはいけない「絵本の時間」の在り方を考え直す必要もあるのかもしれません。

　言うことを聞いてくれない時には，子どもたちにアプローチをするより，"聞きたくなるにはどうするか" と保育者の伝え方や在り方を工夫するべき時です。手袋や靴下などでつくったオリジナルキャラクターを登場させるなど，目で見て楽しめる教材を活用しましょう。ついつい行儀よく座って見てほしいと思ってしまうものですが，絵本の世界を楽しんでほしい，というねらいであればゴロゴロしながら見ていても良いのかもしれませんね。別の保育者が絵本を楽しそうにみるモデルになって，子どもと一緒に見れるといいですね。

● ちょび先生のワンポイントアドバイス！

絵本は，「絵本の時間だから」見るものではありません。子どもたちに言うことを聞かせることよりも，子どもたちの主体性を大切にしたい場面です。絵本を見るか見ないか，参加するかしないかを子どもたちが自分の意思で選べる自由度も必要かもしれません。

コミュニケーション

uestion 6

おもちゃの取り合いでけんかばかり……

子ども同士のけんか，どうやって止めたらいいの？

Answer

けんかをむやみに止めず，解決に向けて一緒に考えよう

けんかはコミュニケーション力を身に付ける大事な学びの機会。保育者が解決しようとし過ぎず，互いの気持ちに共感し，どうしたら良いのかを一緒に考えていきましょう。

　ケガなどの危険がない場合は，けんかをむやみに止める必要はありません。子どもたちは時にけんかをしながら，自分の気持ちの伝え方を学び，相手に気持ちがあることに気づいていきます。まだうまく伝えたり，相手の気持ちを汲み取ったりすることは難しいので，保育者は「A君が使いたかったんだね」「そうか，B君も使いたかったんだね」とそれぞれの気持ちを代弁しましょう。どうしたら良かったのか，については自分で考えられるように問いかけることも大切です。

ちょび先生のワンポイントアドバイス！

　保育者が，どちらが悪いのかを判断したり，「貸してあげなさい」など解決方法を指示したりすると，子どもたちの学びの機会が奪われてしまいます。貸し借りができなかったり「ごめんね」が言えなかったりしてモヤモヤすることも時には大切な学び。解決を急がず，子どもの気持ちに共感し，折り合いをつけようとする子どもたちの姿を温かく見守りましょう。

Question 7

「もうしない」ってさっき約束したのに……？

友だちのおもちゃを奪ってしまう子には，どう対応すればいいの？

Answer

「こうしたい！」と「こうすべき！」の間で葛藤することも大切な学び，温かく見守ろう

子どもたちはそれぞれのペースで少しずつ成長しています。結果を急がず，どうしたら良かったのかを繰り返し伝えていきましょう。

　2歳児も後半になってくると，してはいけないこと，した方が良いことなどが少しずつわかってきます。しかし，頭ではわかっていても行動に移すのはなかなか難しいもの。「こうしたい！」という気持ちと，「こうすべき」というあるべき姿の間で揺れ，葛藤を乗り越えながら少しずつ気持ちの折り合いをつけられるようになっていく時期です。まずは気持ちをしっかりと受け止め，おもちゃを奪ってはいけない理由と，「ほしい時にはなんて言ったら良かったの？」とどうしたら良かったのかを一緒に確認していきましょう。

 ちょび先生のワンポイントアドバイス！

「何度言ってもわからない」と思うことでも300回繰り返せばきっとわかってくれるはず。とある先輩がそう教えてくれました。大人はすぐに結果を求めがちですが，子どもたちはそれぞれのペースで少しずつ学び，成長しています。結果を急がず繰り返し伝えていくことが大切です。

Question 8

せっかく集団遊びが盛り上がってきたのに……

「やらない」と言って遊びに入ってこない子には，どう対応すればいいの？

Answer

「やらない」という選択も保障しよう

無理強いせずに，その子にあった楽しみ方を探しましょう。

　初めての遊びに慎重な子もいますし，一人での遊びが大好きな子もいます。嫌なことがあったり不安があったりするのかもしれません，入りたくない理由を聞いて気持ちを受け止めましょう。「やらないこと＝悪いこと」ではなくその子の選択として，尊重する姿勢が大切です。友だちや保育者が楽しそうに遊んでいるのを見ると，少しずつ興味がわいてくるかもしれません。興味をもった時に誘い，友だちと一緒に遊ぶ楽しさが味わえるようにしましょう。保育者と２人だったり少人数であったりすれば遊びを楽しめることもあります。その子にあった楽しみ方を一緒に探しましょう。

ちょび先生のワンポイントアドバイス！

　私は小さいころ，フルーツバスケットで真ん中に入ることが嫌でした。「嫌だ」という気持ちを受け止めてもらってホッとしながらピアノの下に潜っていたことを今でも覚えています。ネガティブな気持ちも否定せず受け止めることで子どもたちは安心して過ごすことができるのですよね。

uestion 9

靴下がなかなか履けなくて手伝ったら，自分でやりたくて大泣き……

思い通りにできなくて癇癪を起こす子には，どう対応すればいいの？

Answer

やりたかったという気持ちだけはしっかり受け止めよう

まずは気持ちを受け止めましょう。関わりすぎず，時には温かく見守るようにしましょう。

　自分でなんでもやりたい時期です。やろうと思ったことが上手くできない，手伝ってほしくなかったなど，大人から見ると些細に思えることでも癇癪を起こすことがあります。芽生え始めた自立心と思うようにできない悔しさや甘えたい気持ちなど，様々な感情の間で子どもたちは葛藤しているのです。「そうか，○○したかったんだね」「できなくって悲しかったよね」とまず共感しましょう。やり直せないことや危険が伴うことの場合は「○○だからできないよ」とできない理由を添えて伝えますが，「やりたかった」という気持ちは何度でも言葉にして受け止めましょう。

● ちょび先生のワンポイントアドバイス！

　癇癪をおさめようと思うと関わりすぎてしまいがちです。子どもたちが自分の気持ちと向き合い折り合いをつけていくには，時間が必要なことも多々あります。解決を急いだり保育者が解決しようとしたりせず，「困ったらおいでね」「抱っこしてほしい時は教えてね」と声を掛け温かく見守ることも大切です。

Question 10

だめと言っても離さない……。取り上げると大泣き……

家からおもちゃを持ってくる子には，どう対応すればいいの？

Answer

どうしたらいいか，子どもと話し合ってみよう

色々な気持ちの間で揺れ，葛藤している時期です。自分なりに折り合いをつけていく経験を大切にしましょう。

　特に登園時は子どもにとって寂しい時間。なかなか気持ちを切り替えられない日もあります。無理に取り上げてしまわずに，なくなったり壊れたりしたら困ることを伝え，今は持っていたいという気持ちも受け止めながら，どうしたらいいかを子どもと話し合ってみてはどうでしょう。頭ではしまっておいた方が良いのかなと思っていても，どうしても今は持っていたい，そんな気持ちの間で葛藤しながら折り合いをつけていくことが大切な時期です。その子なりにどうしたら良いかと考える経験を大切にしていきましょう。

ちょび先生のワンポイントアドバイス！

「お友だちに取られたらどうするの」と言葉で言われてもなかなか納得できないもの。実際に友だちに取られそうになり嫌だと思えば自分から「やっぱりしまっておく」となります。実際の体験から学んでいくことを大切にしていきたいですね。家のおもちゃを預かる場合は園の方針を確認し，保護者にも意図を伝えましょう。

Question 11

あの子と繋ぎたい，繋ぎたくないと大泣き……

散歩の時に誰と手を繋ぐかでトラブルになったら，どうすればいいの？

困りごとは子どもたちと一緒に考えよう

困った時は子どもと一緒にどうしようかと考えましょう。それぞれの気持ちを否定せず「こう思ったんだね」と受け止め言語化することが大切です。

「○○君と繋ぎたかったんだね」とくり返し受け止めていると，気持ちが落ち着いてくるものです。手を繋がないといけないと頭ではわかっているけれど嫌なものは嫌。そんな気持ちの葛藤にどう折り合いをつけていくかが大切です。「○○しなさい」と大人が指示したり「手を繋がない子はお散歩に行けません」などと叱ったりするよりも，どうしたら良いかなと子どもと一緒に考える姿勢が大切です。子どもたちが自分の気持ちと向き合い，折り合いをつけていく姿を温かく見守れる余裕をもちましょう。

🔵 ちょび先生のワンポイントアドバイス！

こだわりが強い子には，玄関に行く前に「今日は誰と繋ごうか？」と話をし，子どもに決めてもらうと納得して繋げることが多いです。気持ちが落ち着いている時に，手を繋がないと危険であることや，早く出発したほうが長い時間遊べることなどを話しておきましょう。

コミュニケーション

Question 12
「片付け」と言うと「ヤダ」と言われる……

どうしたら片付けを進んでやってくれるの?

Answer

片付けへの見通しがもてるように事前に
知らせよう

片付けを楽しんでできるような工夫が大切です。片付けが嫌なもの
にならないように言葉掛けには気を付けましょう。

　片付けを嫌がるのは，楽しく遊べている証拠。大人だって楽しいことを途
中で終わりにはしたくないですよね。できればきりの良いところまで遊びた
いところですが，集団生活の中ではそうもいかないのが現実。少しずつ生活
に見通しをもてるようになってきますので，「もう少ししたら片付けてご飯
にしよう」「あと1回やったら片付けようか」など終わりのタイミングや次
にやることを事前に知らせておきましょう。2・3度伝えておくとそろそろ
かなと気持ちを少しずつ切り替えられることが多いです。

🔴 ちょび先生のワンポイントアドバイス！

　頼られることが大好きな2歳児。「片付けレンジャー」に任命し
てお片付けを頼むと張り切ってやってくれますよ。片付け競争よー
いドン！　と遊びの延長のようにしたり，片付けの歌をつくって歌
ってみたりして，片付け自体を楽しむ工夫をしましょう。「きれい
になって気持ちが良いね」「たくさん片付けてくれてありがとう」
と保育者の気持ちを伝えることも忘れずに。

uestion 13

椅子取りゲームやしっぽ取り……そんなことで泣かなくていいじゃない……

ゲームで負けると大泣きしてしまう子には，どう対応すればいいの？

Answer

感情は感じている時に言語化しよう

子どもの感じている感情に蓋をせず，言語化することがとても大切です。ネガティブな感情も受け止めて安心感とともに乗り越えられるように援助しましょう。

　こうなりたい，と少し先のこともイメージができるようになった分，思っていたようにいかないと悔しさや悲しみがこみ上げてくるもの。「悔しかったよね」など気持ちを言葉にし，受け止めることが大切です。感情は目に見えませんので，悔しい気持ちの時に「悔しいね」と，その都度伝えていくことが大切です。身体感覚と言葉が結びつくことで感情を認識し，いずれは相手に伝えたり，相手の気持ちに気付いたりできるようになっていきます。保育者が「次は負けないぞ〜」と負けても楽しむモデルを示すことも大切です。

 ちょび先生のワンポイントアドバイス！

強い子になってほしいと思えば思うほど「そんなことで泣かなくても大丈夫」「次また頑張ればいいじゃない」とネガティブな感情を受け止めずに励まそうとしてしまいがちです。感情に蓋をせず，「悲しかったね」と言語化して共感し，「先生がついているから大丈夫」と安心感とともにその感情を乗り越えられるように気持ちに寄り添うことが大切です。

Question 14
そろそろ折り紙をやってみたいけれど，ぐちゃっと丸めたり，何枚も出してしまったり…

折り紙ってどうやって楽しんだらいいの？

Answer

遊び方にこだわらず，折り紙と仲良くなるところから始めよう

子どもたちの「折ってみたい」の気持ちを少しずつ引き出しましょう！

　まずは折り紙に親しむことをねらいにして取り入れてみましょう。最初からきれいな作品を折ろうとすると，禁止や指示が増えて楽しい時間になりません。まずは折り紙に触れ合うことを目的に，自由遊びの時間などで保育者が一緒に楽しんでみましょう。粘土のように丸めて形をつくり，何かに見立てたり，ちぎったり貼ったりしても良いでしょう。折り紙に親しむ中で，保育者が簡単な作品を折ってみせ，子どもたちが「やってみたい」と興味を示したら一緒に折ってみましょう。普段の遊びの中で，新聞紙やトイレットペーパーなど，様々な紙・素材と触れ合う機会もつくっておけるといいですね。

 ちょび先生のワンポイントアドバイス！

　園によっては，「折り紙は折るもの」として使う園もあります。折って作品をつくる美しさを伝えたいと考えるか，切ったり貼ったりして子どもたちの創造性を育むひとつの素材として取り入れたいと考えるかによって遊び方も変わってきます。子どもたちに育ってほしいことは何かをそれぞれの園で考えておくことが大切です。

コミュニケーション

 Question 15
どんな絵本を選んだらいい？

2歳児にぴったりな絵本の楽しみ方は？

Answer

簡単な物語絵本を取り入れて，イメージの世界を楽しもう

2歳児になるとイメージの世界を楽しめるようになっていきます。読み聞かせの時間だけでなく，普段の遊びの中でも絵本の世界を楽しんでいきましょう。

だんだんとストーリーのある話を楽しめるようになっていきます。わかりやすい内容の物語絵本を取り入れていきましょう。絵本で見た世界を遊びの中で楽しむようにもなり，登場人物の台詞を真似たり，動きを真似たりすることもあります。イメージの世界を他者と共有して楽しむ入り口となります。お面や簡単な衣装をつくるなどしながら保育者も一緒に楽しんでいきましょう。集団で読み聞かせをする時には紙芝居やパネルシアターなども取り入れて，様々な物語を楽しめるようにしましょう。

ちょび先生のワンポイントアドバイス！

集団での読み聞かせが多くなりがちですが，１対１または少人数で楽しむことも大切にしていきたいものです。絵本は友だちとの関わり方やものの名前，知識を得られることはもちろん，情動を豊かにしてくれたり精神状態を落ち着かせたりもしてくれます。色んな絵本を子どもたちとゆったり楽しめるようにしましょう。

uestion 16

発表会で楽器をやろうと思うんだけど……

楽器ってどうやって取り入れたらいいの？

nswer

遊びの中で音を鳴らす楽しさを味わえるようにしよう

リズムに合わせて正しく鳴らすことにとらわれ過ぎず，まずは楽しく行うことが大切です。子どもたちの自由な表現を認めながら，楽しめるようにしていきましょう。

　楽器は集会や発表会などで使われることが多く，リズムに合わせて正しく鳴らすことが求められがちですが，せめて最初は音を自由に鳴らすことを存分に楽しんでほしいものです。持ち方や扱い方を伝えた上で，リズムの取りやすい簡単な曲に合わせて自由に鳴らして楽しんでみましょう。鈴やカスタネットなど簡単に鳴らせる楽器から取り入れていきます。また普段の遊びの中で，楽器だけではなく様々なもので音を鳴らしたり，様々な音に気がつける体験をしたりして，音に親しんでおきましょう。発表会のための楽器遊びにならないように，子どもたちの自由な表現を受け止め楽しむことを大切にしましょう。

● ちょび先生のワンポイントアドバイス！

　手元に鈴があれば，鳴らしたいのが子どもです。鳴らさずに話を聞いてほしい時，終わりにしてほしい時は，10秒思い切り音を鳴らして良いタイムをつくってみましょう。10秒思い切り鳴らすと満足して気持ちを切り替えてくれますよ。

uestion 17

なんでそんなこと言うんだろう……

良くない言葉を使う子には，どう対応すればいいの？

nswer

言葉の裏にある気持ちを受け止めよう

「バカ」「嫌い」など，良くない言葉を言ってしまう気持ちにまずは共感しましょう。その子に合った心のバランスの取り方を探り，気持ち良く過ごせるようにしていきましょう。

　言葉を巧みに使うようになった子どもたちの中には，気に入らないことがあると「バカ」「嫌い」「もう遊んであげない」などと良くない言葉を発する姿が時折見られます。「そんなこと言ってはいけません！」と責める前に，そういう言葉をどうして使うのかを考え，気持ちを受け止めるようにしましょう。意味がわからずに使っている場合もありますが，寂しい，イライラする，もっと自分のことを見てほしいというサインである場合があります。体を思い切り使って遊び，気持ちを発散させたり，スキンシップをとって安心感を得られるようにしたりと，その子にあった心のバランスの取り方を探っていきましょう。

ちょび先生のワンポイントアドバイス！

　「バカ」で気持ちが少し発散されたとしても，本当に伝えたかったことは伝わっていません。本当は何を思っていたのか，自分の気持ちを伝えるにはどうすればいいのかを子どもと一緒に考えていくようにしましょう。

Question 18
人形を踏んだり逆さまにしたり……

ものを大切に扱う気持ちを育てるには,どうすればいいの？

Answer

まずは保育者が大切に扱う姿を見せていこう

保育者がものを大切に扱い，その背中を見せていきましょう。大切にするとはどういうことか具体的に伝えていくことが大切です。

　子どもたちの中には少しだけ使った紙を捨てたり，壊れたおもちゃを直さずに捨てたり，人形やブロックなどを雑に扱ったりする姿が見られることがあるでしょう。「大切に扱いなさい」と言ってもどうしたらいいのかわかりません。まだ使える紙は「ここに取っておこうね」と別の容器に保管し，おもちゃが壊れたら子どもと一緒に直しながら，保育者が率先してものを大切に扱うようにしましょう。片付ける場所を整えることも大切です。人形はベッドに寝かせるようにし，ままごとの食べ物は冷蔵庫へしまう，ミニカーは駐車場にしまうなど工夫をしましょう。大切にしようとする姿が見られたら褒めることも忘れずに。

ちょび先生のワンポイントアドバイス！

時にはクラス全体に「どうしたらいいかな？」と問いかけて考えてみてもいいでしょう。「そっと」「大切に」などの抽象度の高い表現だとイメージしにくいので，見本を見せるなどして具体的に伝えていくことが大切です。

Question 19

保護者の方も大変そう……なんて言ってあげたらいいんだろう……

イヤイヤ期で困っている保護者からの相談，どう対応すればいいの？

Answer

アドバイスよりもまずは大変さに共感しよう

イヤイヤ期の対応の大変さに共感しながら，発達の見通しを伝えましょう。連絡帳でのやりとりの場合は，誤解が生じないよう気を付けましょう。

　イヤイヤが激しくなってくるころ。家庭でもそんな姿に手を焼いて，連絡帳などを通して相談が寄せられることがありますね。どんな保護者も一生懸命子育てに向き合っていますから，まずは話をよく聞き，子育ての大変さに十分共感し，保護者の頑張りを労いましょう。このままわがままな子に育ってしまうのではないかと不安になる保護者もいます。イヤイヤというのは自我が芽生えた発達の過程であることや，ずっと続くわけではないという発達の見通しなどを伝え，イヤイヤと主張する姿を温かく見守ってもらえるようにしましょう。

 ちょび先生のワンポイントアドバイス！

やってほしいことを伝える前に，まずはその子の気持ちに共感することや，ユーモアを交えて話をすると気持ちを切り替えられることなど，イヤイヤへの対応のポイントや，保育者の工夫しているポイントを伝えていきましょう。

Q uestion 20

他の子は外れてきているのに……

おむつが外れなくて不安という保護者に，どう対応すればいいの？

Answer

安心して見守ってもらえるように話をしよう

保護者の不安な気持ちを受け止めながら，発達の見通しがもてるよう丁寧に話をしましょう。トイレにプラスの気持ちで行ける工夫をしてもらうことも大切です。

　3歳の誕生日には外さないと，と年齢にこだわったり，周りの子よりも早いか遅いかを気にしたりする保護者もいます。不安でいっぱいになっている保護者の気持ちをまずは受け止めましょう。トイレトレーニングには個人差があることや，いずれは必ずトイレでできるようになること，子どもの気持ちを大切に進めていくべきであることを丁寧に伝えていきましょう。あまり焦って進めたり，失敗したことを責めたり，ピリピリしている大人の空気が伝わったりすると，トイレに行くことやパンツを履くことが嫌になってしまう場合があるので注意が必要です。

ちょび先生のワンポイントアドバイス！

トイレにプラスの気持ちで行くことができるように，トイレの環境を整えることも大切です。電気を明るくしたり，好きなキャラクターの絵を貼っておいたりして，トイレに楽しい気持ちで行ける工夫を園でも家庭でもできるようにしましょう。

保育士ってどんな仕事？

　保育士になりたての数年間，私は，子どもたちを良い子に育てることが保育士の仕事だと思っていました。ご飯を残さず完食し，友だちとけんかせずに譲り合っておもちゃを使い，悪いことをしたら素直に謝る，そんな良い子を育てることが保育士の仕事だと思っていたのです。

　もし，そうだよね，と思う人がいたとしたら，少しだけ視点を変えて欲しいなと思います。私たち保育士が育てるべきなのは，きっと良い子ではありません。良い子でも悪い子でもなく，将来幸せな人生を送れる人に育てることなのだと思うのです。

　今完食することではなく，将来豊かな食生活を楽しむことができることが大切です。無理やり食べさせられても将来食事を楽しめるようにはなりません。今けんかをしないで遊ぶことよりも，将来自分の気持ちや相手の気持ちを受け止めて思いやりの心をもてることが大切です。そのためには時にはけんかをしながら自分の気持ちを認識し，相手にも気持ちがあることを知り，折り合いをつける経験を積み重ねていくことが大切です。今悪いことをして謝れなかったとしても，将来悪いことをちゃんと反省し謝れるようになることが大切です。「ごめんねでしょ」と強要されて無理やり「ごめんね」を言わされるよりも，時には素直に謝れなくってモヤモヤしたり，仲直りできなくて気まずくなったりしながら謝ることの意味を知っていくことが大切なのです。

　小さいうちから良い子に育てようとすると，子どもも大人も辛くなります。時に本質からズレて形だけの「仲良し」や形だけの「ごめんね」をつくります。今良い子であることが将来の幸せに繋がっていないことも往々にしてあります。保育士の仕事は目の前の子を良い子に育てることではありません。その子が幸せな人生を送れるように育てることが仕事です。そう思うと保育士ってなんて愛に溢れた幸せな仕事なのだろうと私は思うのです。

Part 4

保育士の仕事
Q&A

ガ イ ド

1 保育士として大事なことは？

社会人としての自覚をもとう

　社会人としての意識をもって仕事に取り組む姿勢や考えが大切です。私情を持ちこんだり一緒に働く仲間に対して合う・合わない，好き・嫌いなどの評価をしたりせず，協調性を大切に働きましょう。仕事は「迅速に」「丁寧に」「正確に」メリハリをもって行いましょう。

子どもにも大人にも共感する気持ちを大切にしよう

　保育士は，保護者や保育者など大人とのコミュニケーションも大切になる仕事です。保育観も子育て観も個性も育ってきた文化も色々です。価値観が違っても，それが正しい・間違っているということではありません。自分の気持ちや考えだけをぶつけるのではなく，相手の話も聞き，共感を大切にしながら対話をしていく姿勢が大切です。

向上心をいつまでも忘れないようにしよう

　保育の仕事は奥が深く，求められる知識の幅も広いです。また時代とともに教育観や子どもたちに将来求められる力も変わってきます。知識を増やすことも，人間として成長をすることにも終わりはありません。昨日よりも今日，今日よりも明日，より素敵な保育士として子どもたちと一緒に過ごせるように，向上心をもち，学び続けていくことが大切です。

Check! 保育士になったあなたへオススメグッズ

■保育所保育指針が載っているクリアファイル（2020年4月，NPO法人こども発達実践協議会）

uestion 1
私って保育士に向いてない？保育士って明るくないといけないの？

保育士に向いている人ってどんな人？

nswer

子どもの育ちを支えたいという気持ちがあれば，どんな人でも向いています

保育士に求められる力はあれど，どんな人も保育士に向いています。
あなたらしい保育士を目指しましょう！

　保育士は子どもの命を守り，子どもの「人間形成」とも言われるような大事な時期をともに過ごす仕事です。責任感があり，子どもを危険から守れるような注意力，子どもや保護者の気持ちを受容できる共感力やコミュニケーション力，また体力があり健康であることなどはある程度求められるでしょう。しかし性格で言うならば，明るい人もおとなしい人も社交的な人も内向的な人もどんな人も向いています。色んな人がいるのが社会なので，保育園にも色んな先生がいた方が良いのです。「子どもの育ちを支えたい」という気持ちがあれば，保育士に向いていない人なんていません。

● ちょび先生のワンポイントアドバイス！

全く性格の違う先輩のようになろうと思う必要はありません。あなたにはあなたにしかない魅力が必ずあります。自分らしさを大切にしてあなたにしかなれないあなたらしい保育士として，より良い保育を探究し続けていってほしいなと思います。

Question 2

日本語ってどうしてこんなに難しいの……？

漢字や言葉を間違えないためのコツは？

Answer

間違えがあるかもしれないと思って確認をしよう

誤字脱字，不適切な言葉の使い方は，保護者からの信頼関係に影響することがあります。間違えのないように様々な方法で確認しましょう。

　間違いが多いと，どんなに日々の保育が充実していたとしても信頼を失いかねません。間違えやすい漢字や口語文になっていないかなどに注意して書き，必ず読み返す癖をつけましょう。読む部分の指さしをして，声に出して読み返すとチェックの効果が高まります。クラスだよりなどの大人数に配布する書類は特に注意が必要。完成後少し時間を置いてから読んだり，他の人に読んでもらったりすると間違いに気づくことができます。

 ちょび先生のワンポイントアドバイス！

パソコンではタイプミスが誤字脱字の8割を占めると言われます。きっとどこか間違いがある，という気持ちで読み返してみましょう。パソコンで打ち込む場合，紙に印刷して読み直した方が間違いを見つけやすくなりますのでオススメです。自分の興味のある本をたくさん読んで日本語力向上を目指しましょう。

Question 3

社会人らしくってなんだろう……

社会人として気を付けた方がいいことは？

Answer

凡事徹底を大切にしよう

笑顔で挨拶をすること，時間を守ること。当たり前のことをしっかりやることが大切です。

　挨拶，時間を守ることなど基本的なことをしっかり行うことが大切です。プライベートでのイライラやストレス，個人的な感情を持ちこんではいけません。どんな時でも，どんな人にも必ず笑顔で挨拶をしましょう。また，遅くとも５分前には保育に入れる状態で保育室にいたいものですね。当番の引き継ぎや職員会議なども５分前行動が基本です。靴を脱いだら揃える，ゴミがあれば拾う，帰る前に出しっぱなしのものがないか確認を必ず行う，提出期限を守るなど……きっと学校生活でも言われたことのある当たり前のことをしっかり行うことが大切です。

ちょび先生のワンポイントアドバイス！

保育園はチームで仕事をしています。誰かが遅刻することで，保護者からの信頼を損ねたり，他の職員の出勤時間がずれたりと，周りに影響がでることが多くあります。気を付けることはもちろんですが，失敗や間違いなどは真摯に反省する姿勢をもつことが大切です。

Question 4
身だしなみって何に気を付ければいいの？

保育士にふさわしい身だしなみって？

Answer

清潔感があり動きやすく安全な格好を心掛けよう

見ているのは子どもだけではありません。信頼される身だしなみを
心掛けましょう。

　保育者は子どもの見本となります。一人の大人として，そして教育者とし
てふさわしい格好をすることが大切です。見ているのは子どもだけではありま
せん。保護者，散歩先で出会う地域の方々もあなたのことを見ています。
どんなに良い保育をしていても，見た目で信頼されないなんてことではもっ
たいないですよね。清潔感，動きやすさをポイントにして，髪型や服装，メ
イクなどを見直しましょう。穴の空いた服，ダボダボのジャージ，肌や下着
が見えそうな露出の多い服，また，危険を伴う可能性があるアクセサリーや
髪飾り，爪を伸ばすことなどは避けましょう。

ちょび先生のワンポイントアドバイス！

散歩に履いていく靴やリュックがボロボロというのも見逃しがちで
す。保育者は子どもたちが大好きな憧れの存在ですから，真似され
ても恥ずかしくないようにしましょうね。髪色や服などは個性とと
るか身だしなみととるか，園によって許容範囲が違いますので，自
分の園の考え方を確認しておきましょう。

Question 5

誰に伝えたらいいんだろう……

体調が悪くなった時って，どうすればいいの？

Answer

気軽に休んではいけないけれど，無理は禁物，早めに相談しよう

保育園はチームで仕事をしていますから，困った時には助け合うことが大事。自分が助けてもらった時には，周りの職員への感謝の気持ちをしっかり伝えましょう。

　体調管理をすることも仕事のうちです。健康でないと仕事はできませんから，生活リズムを整え健康的な生活を日頃から心掛けましょう。しかし誰でも体調を崩すことはあります。具合が悪いままでは子どもの命を守ることができませんから，体調が悪い時には早めにクラスリーダーや上司に相談しましょう。感染症である可能性もあるので必ず受診し，受診し終わったら園への報告を忘れずに。朝，休みや遅刻の連絡をする場合にはどうしたら良いのか，事前に確認しておきましょう。

● ちょび先生のワンポイントアドバイス！

　自分が休めば，他の誰かが力を貸してくれることになります。体調が悪いから休んで当たり前ではなく，「体調を崩して御迷惑をおかけしました」の姿勢で，次に出勤した際には，上司，同僚，自分の代わりに保育に入ってくれた人へ丁寧に御礼を伝えましょう。互いに助け合う心が大切です。

Question 6

私が間違っているのかな……

保育に関する意見が合わない時って，どうすればいいの？

Answer

相手の意見をよく聞き，自分の意見はアイメッセージで伝えよう

保育には正解がありません。保育園の方針や理念に立ち戻って話し合いをしましょう。自分なりの保育観をもつことも大事です。

　保育には答えがなく，正しい，間違っているということはありません。同じように子どもの幸せを願っていても，怒って言うことを聞かせることが良いと考える人もいれば，子どもの気持ちに共感し話をする方が良いと考える人もいます。保育者同士で正しさを主張しあっても解決はしません。自分と意見の違う人が何を大切に保育をしているのかを聞き，そこから学ぶ姿勢をもつことも大切です。話をする時は，「あなたのやり方は……」と伝えるより，「私はこう思うのだけど……」とアイメッセージで伝えるようにしましょう。

●ちょび先生のワンポイントアドバイス！

　園の方針や理念に立ち戻って話し合うことが大切です。園長や主任に相談をし，どちらが正しいかよりも自分の園ではどうするのが良いのかを考えるようにしましょう。自分なりの保育観をもつことも大切です。他園の実践，研修，本，保育所保育指針等で学び，自分の大切にしたい保育や方針について考えてみましょう。

Question 7
雰囲気の良い職場にしていきたい……
陰口を言っている先生たち，改善するにはどうすればいいの？

Answer

どうしたら良くなる？ 何ができる？ を考えよう

視点の変わる質問で建設的な議論ができるように。今の自分にでもできる一歩を考えましょう。

　陰口を言っているだけで良くなることはまずありませんよね。賛同せず，どうしたら良くなるのか，保育園でできることは何か？　を考えたいものです。「どうしたら良いと思いますか？」と聞いてみると，人はどうしたら良いのかを考え始めます。建設的な思考を促す質問をしてみましょう。陰口の裏には不安や要望があり，職場の改善点が隠されていることもあります。賛同する必要はありませんが，耳を傾けて話を聞くことも時には必要かもしれません。

 ちょび先生のワンポイントアドバイス！

誰か解決してくれないかな……と人はつい「誰か」に頼りがち。しかし，誰かに期待をするよりも自分の可能性に期待したいものです。改善の仕方は100万通り！　改善しようという元気があるなら小さいことからでも行動してみることが大切です。変えるのは誰かではなくあなたです。

Question 8
人間関係が一番不安……意地悪な人がいたらどうしよう……
先輩保育者とうまくやるには，どうすればいいの？

Answer

毎日の挨拶と感謝の言葉で気持ちの良い人間関係を築こう

挨拶や感謝の言葉は人間関係を良くしてくれます。毎日丁寧に関わることを積み重ねていきましょう。

　出退勤時には園内にいる先生方に，毎日丁寧に挨拶をしてみましょう。性格が合わない人でも，怒られた後だったとしても，毎日しっかり挨拶をしていたら，あなたの誠実さが伝わります。また些細なことであっても「ありがとう」を言葉にして伝えることがとても大切です。例え怖い先輩がいたとしても，毎日の丁寧な挨拶とたくさんの「ありがとう」を伝えることで，きっと穏やかに接してくれることでしょう。毎日の小さな積み重ねが，良好な人間関係をつくっていきます。

 ちょび先生のワンポイントアドバイス！

「二度礼」をすると人間関係がよくなります。何か頂き物をしたり，教えてもらったりした際にはもちろんお礼を言いますが，次に会った時に「先日はありがとうございました」と二度目のお礼を言うのです。感謝の気持ちをたくさん伝え，プラスの空気を自分からつくっていきましょう。

uestion 9

やってもやっても終わらない……持ち帰り仕事がいっぱいで困ります……

就業時間内に仕事を終わらせるコツは？

nswer

まずは頭の中を整理して，計画的に進めよう

やることが多い時ほど，焦らずに整理することから始めましょう。
周りの人に協力をしてもらえる関係づくりが大切です。

　取り掛かる前に頭の中を整理すること。これで仕事の効率は格段にあがり
ます。月曜日に，今週やるべきことは何かを書き出して優先順位を決め，こ
れは遅番の時に，これは人に任せよう，と予定を決めてテキパキと取り組み
ましょう。思いつきで始めてしまうと収拾がつかず，終わりません。頑張っ
ても無理！　という場合は工夫の仕方や業務量について先輩や上司に相談し
ましょう。

ちょび先生のワンポイントアドバイス！

　仕事を一人で抱えやすい人は，自分がやるべきこと，人に頼んでも
いいことを分けて考えるようにしましょう。製作の見本は自分でつ
くり，続きはパートさんにお願いをするなど，周りの人にうまく協
力してもらうことが大切です。やってもらった時には感謝の気持ち
をしっかり伝え，気持ち良く協力し合える関係をつくりましょう。

Question 10

新年度，本当に担任できるのか不安です……

担任が決まって，まずやっておいた方がいいことは？

Answer

子どもたちとの生活や遊びの様子をイメージしておこう

準備しておくべきことはたくさんありますが，楽しいことをたくさん想像して，ワクワクした気持ちで新年度を迎えることが何よりも大切です！

　保育所保育指針や，全体的な計画，昨年の指導計画等を見ながら，生活や遊びの様子をイメージしたり，発達の道筋を確認したりしましょう。子どもたちの実態を把握するために，児童票や入園面談資料に目を通し，現在の担任からの引き継ぎの時間を設けましょう。以前同じ年齢を担任した保育士に保育室の使い方の工夫や失敗，おすすめのおもちゃや遊び等も聞いておけると良いですね。生活の動線を考えながら保育室の環境構成を考え，棚や入れ物など必要なものがあれば早めに準備しておきましょう。

ちょび先生のワンポイントアドバイス！

　私は担任が決まると，その年齢にあった本や資料を読み，何を大切に保育しようかと，新年度からの日々を想像して楽しんでいました。発達や遊びのアイディア，オススメの絵本やおもちゃなどを事前に調べておくと，不安は少し小さくなりますよね。楽しいことをたくさん想像して，ワクワクした気持ちで新年度を迎えましょう！

Q uestion 11

私にできるかな。どうやって準備したらいいんだろう？

初めての行事担当って，どうすれば いいの？

A nswer

前年度の様子を参考に，早めに準備を始めよう

前年度の様子を確認し，反省をしっかり反映させましょう。毎年「こうだから」ではなく行事のねらいを考え直すことも時には大切です。

　園の行事を担当するのは少し緊張しますよね。まずは前年度の行事計画や反省を見返し，前年度担当の先生に直接様子を聞いてみましょう。購入物や準備が必要な場合がありますから簡単な行事でも2ヶ月前には確認しておきましょう。運動会などの大きな行事の場合にはもっと早めに動き出さないといけません。保育の月刊誌などに載っている行事の進め方や工夫についての記事を参考にしてみても良いですね。最初からうまくできなくて大丈夫ですが，準備しておくことは大切です。わからないことは恥ずかしいことではありませんから，不安があったら先輩や上司に必ず相談しましょう。

ちょび先生のワンポイントアドバイス！

ねらいをしっかりもつことが大切です。「毎年こうだから」と考えてしまいがちですが，行事を通して子どもたちに何を感じてほしいのか，何を育てていきたいのかを立ち止まって考えましょう。異年齢が集まることも多いので，小さい子も楽しめるパネルシアターなど視覚教材を取り入れるのがオススメです。

Q uestion 12

学校で習った気はするけれど……どうして大事なの？

保育所保育指針って何ですか？

保育園で働く人は必ず目を通すべき指針です，保育に迷った時には開いてみよう

保育所保育指針は日本中の保育園が拠り所として保育を展開していくための指針です。保育に迷った時には保育所保育指針を開いてみましょう。考えるためのヒントがたくさん詰まっています。

　保育所保育指針とは，保育所保育の基本となる考え方や保育のねらい及び内容など保育の実施に関わる事項と，これに関連する運営に関する事項について厚生労働大臣告示として定められたものです。全国の保育所ではこの保育所保育指針に基づき保育を計画し，実施していきます。保育所保育の基本的な事項について定められたものであり，これに基づいて各保育所の自主性，独自性，創意工夫が尊重されるとされているのです。保育所で働く人は必ず確認しておくべき指針です。理解を深めるために，厚生労働省から出ている保育所保育指針解説も併せて確認しましょう。

● ちょび先生のワンポイントアドバイス！

　活字は苦手，なんて人もいるかもしれませんが，保育所保育指針は意外と読みやすく，そして大切なことが驚くほどたくさん載っていて面白いです。内容を参考にしながら，自分の園ではどう実践していくと良いのかを考えていけると良いですね。

uestion 13

残業してまで書く意味は……？

指導計画ってどうして書かないといけないの？

Answer

保育が「保育」であるために，書類はなくてはならないもの，しっかり活用しよう

専門職として子どもと接するために，指導計画はなくてはならないもの。専門性の向上や保育実践の改善のためにしっかり活用しましょう。

保育士は，人間形成にとって極めて重要な時期と言われる乳幼児期に長時間関わる専門職として，子どもたちの発達や興味関心を捉え，見通しをもって子どもの育ちを支えていかなくてはなりません。ただ毎日遊んでいるだけだったとしたら，保育とは呼べません。計画にとらわれて保育をする必要はありませんが，計画があることにより方向性が決まり，反省ができます。計画を立てて終わりではなく，それをもとに保育を展開し，振り返り，次回に生かすことを通して専門性の向上や保育実践の改善ができるようしっかり活用しましょう。

ちょび先生のワンポイントアドバイス！

書類作成を勤務時間外で行なっていると，「どうして書かないといけないの？」という気持ちになってくるもの。書類作成も大事な仕事ですから，勤務時間内に行えるように工夫することが必要です。普段から子どもたちの興味や，経験してほしいことは何かを考えておくと，書類の作成がスムーズです。

uestion 14
どこから手を付けていいのかわからない……

月間指導計画を書く時のポイントは？

nswer

ひとつのねらいでもアプローチの仕方は色々，より楽しめるものは何かを考えよう

まずは子どもの興味関心から保育を広げましょう。先輩や上司に相談して，保育の引き出しを増やしてさらに保育を楽しみましょう！

　子どもたちの興味や関心を理解し，そこから広げていきましょう。興味のあることや経験してほしいことについてマップ型で紙に書き出すとアイディアが広がりますよ。年間指導計画をもとにしながら具体的にその月ならではのねらいや内容を考えましょう。「秋の自然に親しむ」というねらいであれば，製作，歌，絵本，散歩先で落ち葉を踏む，拾う，葉の色や形に気が付く，葉の色の変化に気が付く，木の実を拾う，拾った木の実で楽器をつくる……親しみ方はたくさんあります。子どもたちがどんなことに興味をもつかを考えながら作成しましょう。

ちょび先生のワンポイントアドバイス！

　月間指導計画には，特にその月だからこそ大切にしたいことを書いていきます。他の担任の先生と相談し，何を大切にしたいかを確認・共有する機会にしましょう。上司や先輩に意見を聞いたり保育雑誌を参考にしたりして，保育の引き出しを増やしていくと保育がどんどん楽しくなっていきますよ。

Question 15

どうやって書いたらいいんだろう……

実践に役立つ週案を書くポイントは？

Answer

月案をもとに，具体的に書こう

その週で特に大切にしたいこと，経験してほしいことを具体的に書くのが週案です。職員間で共有しチームワークよく保育をしていく手立てにしましょう。

　月案で計画したねらいを具体的にどう達成していくかを考えていくのが週案です。その週で特に大切にしていきたいこと，経験してほしいことについて具体的に記載していきましょう。配慮が保育者の援助に偏りがちになりますが，時間・場所・もの・人などの環境構成を意識した配慮点を忘れずに考えておきましょう。今週中に製作の準備をしておこう，行事で何をするかそろそろ考えようなど，翌週以降のことも考え見通しをもって保育できるようにしましょう。

ちょび先生のワンポイントアドバイス！

私の園では，職員掲示板に掲示し，パートさんも含めて保育に入る人全員に見てもらうようにしています。担任が何を大事に保育をしているのか，どんなことを配慮しているのかが共有されると，補助に入る職員も動きがわかりやすく，協力しやすくなります。担任の考えややりたいことはどんどん共有していくことがチームワークを良くするポイントです。

Question 16

見返さないのにこんなにたくさん書く意味あるの…？

実践に役立つ保育日誌を書くポイントは？

nswer

エピソードと考察を書いて明日以降の保育の手立てにしよう

今日あったことだけではなく，保育者の関わりや，考察を書くことが大切です。明日の保育や次に繋がるように書きましょう。

　その日立てたねらいに対する振り返りをしましょう。その日の出来事を羅列していくだけではなく，自分の心が動かされたエピソードと考察を具体的に書きましょう。子どもの様子，保育者の関わり，どんな育ちがあって，今後どのように（何を大切に）したいと感じたのか等を書きます。書くことで思考が整理され，子どもの育ちの様子や課題に気が付き，明日以降の保育の手立てとなっていきます。毎日たくさんの出来事が起きますから保育中にメモをとっておき，特に成長を感じた場面や，もう少しスムーズにできたかなと反省が必要そうな場面について日誌を通して考えられると良いですね。

● ちょび先生のワンポイントアドバイス！

　その日の出来事とともに，保育者の配慮や援助，考察などを記載しておくと，どんな思いで保育をしているのかを他の職員に共有するツールにもなります。難しかった対応については職員会議で話題にしてみんなで援助を考えられると良いですね。

Question 17

書くのに時間がかかっちゃう……うまく書くにはどうしたらいいんだろう……

連絡帳の書き方のポイントは？

Answer

子どもの成長を見守る保育者の気持ちを書いてみよう

子どもの様子が目に浮かぶように，具体的に書くことが大切です。先輩たちの書き方をたくさん見て，より良い連絡帳の書き方を探求していきましょう。

　特に１・２歳児では保護者が子育ての相談や困りごとを書いてきてくれることがありますよね。まずは書いてきてくれたことに対する，共感や労いのコメントをひと言入れましょう。保育園での様子は，子どもたちの姿が目に浮かぶように具体的に書きます。子どもの様子を受けての保育者の気持ち（成長を感じて嬉しく思いました！　○○してくれて感動しました！　など）を書くと，保育者の温かな眼差しが伝わり信頼に繋がります。時間短縮のためには，保育中に伝えたいと思ったことをメモに残しておくことをオススメします。

 ちょび先生のワンポイントアドバイス！

答えづらい質問や苦情は文字で返すと誤解を生じることがあります。できるだけお迎え時に口頭で話しましょう。返事に困った時や，苦情や要望が記載されていた時には，些細なことでも上司に報告・相談をしましょう。他の先生が書いている連絡帳をたくさん見て，上手な表現をどんどん真似して書いてみましょう。

uestion 18

何を書いたらいいんだろう？

楽しいクラスだよりをつくるポイントは？

Answer

だらだら書き出さず，何を伝えたいのかを明確にしよう

書き出す前に何を伝えたいのか，ねらいを整理しましょう。ただ遊んでいるだけではない，保育の奥深さを伝えていきましょう！

　書き方に迷ったら今までのクラスだよりを見せてもらいましょう。忙しい中でも見てもらえるように，パッと見て「ワクワク」するものを真似ることをオススメします。書き始める前に，今月は何を伝えたいのかのねらいを考えましょう。そのねらいをもとに内容を考えます。例えば「最近人気の絵本コーナー」を書くとしたら伝えたいことはなんでしょう？「保育園でこんな絵本を読んでいるよ」が伝わればいいのか，それとも「家庭でも絵本をたくさん読んでね」が伝えたいのか。ねらいによって書き方が変わりますので，整理してから書くことが大切です。

ちょび先生のワンポイントアドバイス！

　子どもたちの姿に加えて，その遊びや活動をする中でどんな成長を願っているのかという保育者のねらいを付け加えると良いですね。保育中のエピソードに考察をつけて紹介するのがオススメです。普段の何気ないワンシーンの中でもたくさんのことを学んでいる遊びの奥深さをたくさん伝えていきましょう。

いつも持ち帰って家で作成しています……

壁面製作をスムーズにつくるコツは？

壁面製作は何のため？　ねらいを改めて考えよう

それって本当に必要か？　を考えることも大切です。子どもたちに何を育てたいのか，他に伝えられる手段はないのかなど，少し立ち止まって考えてみましょう。

「季節を感じてほしい」と作成されることが多い壁面製作。しかしそれによって業務量や残業が過度に増えている場合には，在り方から見直してみましょう。画用紙の葉っぱより散歩先で拾ってきた本物の葉を飾った方が，色の移り変わりもわかり，季節を感じられるかもしれません。子どもとつくった季節の製作物や，散歩先で見つけてきた花の写真などを飾ってもいいかもしれません。また実在しない二足歩行のゾウやピンク色のウサギを貼る意図はなんでしょう。子どもに何を伝えたいのか，何を育てたいのかなど壁面製作のねらいを改めて考え直してみましょう。

ちょび先生のワンポイントアドバイス！

「毎年やっているから」と当たり前になり，目的を見失っているものはないでしょうか。大切な遊びの時間を練習に替えて行事を行う意味はなんでしょう。誕生表が1年中貼ってある意味はなんでしょうか。子どもにとって本当に必要なことなのか立ち止って考えることも，時には必要です。

Question 20

あんまり歌ったことがないんだけど……

わらべうたの魅力ってどんなもの？

Answer

子どもたちが聞きやすく歌いやすいわらべうた で，心地良い時間を過ごそう

わらべうたは，聞きやすく歌いやすく，心を通わせる心地良さを感じられるもの。普段の遊びや生活の中で成長に合わせてたくさん取り入れましょう。

　昔から歌い継がれてきているわらべうたには，日本語の美しい抑揚やリズムがあります。音域が広くないので子どもにとって聞きやすく歌いやすいのも魅力のひとつ。特に小さい頃は楽器の音よりも人の声によく反応し気持ちが安定しますからたくさん取り入れたいものです。小さい声で歌いだすと子どもたちがスッと静かになって聞き入ることがよくあります。頭まで手が届くようになると「おつむテンテン」と歌い，手首を返せるようになると「おせんべい焼けたかな」と手の平をひっくり返す。子どもの成長に基づいて歌われてきた歌がたくさんあります。

 ちょび先生のワンポイントアドバイス！

あれもこれもと欲張らず，「これ」と決めた１曲を板につくまで繰り返し実践しましょう。同じ曲を何度もやると，子どもたちも覚えてきて一緒に楽しめるようになります。実践の中で何度もやった曲は，何年経っても覚えているものです。１曲ずつしっかり自分のものにしていきましょう。

Question 21
大事と言われてもなんだかいまいちピンとこない……

環境構成を考える時のポイントは？

Answer

子どもが主体的に過ごせる環境づくりをしよう

ついついやりたくなっちゃう，そんな子どもたちの姿を想像しながら環境を考えてみましょう。子どもたちに禁止や指示をする前に，環境の工夫してみましょう。

保育は「環境を通して行う」ことが大切だと言われています。ポイントは「人」「もの」「時間」「空間」を工夫することです。例えばパズルや粘土遊びをする時に，他の子の遊びが目に入るオープンな場所ではなかなか集中できなかった子でも，仕切りを使って目の前のことに集中しやすい空間を整えると，ものすごい集中力を発揮して遊びこむかもしれません。保育者の立ち位置や声掛け，準備しておく教材，机や椅子の向き，わかりやすい表示，満足できる時間の長さ，場所の広さや視界の広さなどによって子どもの姿は変わります。より意欲的・主体的に過ごせる環境に整えていくことが大切です。

ちょび先生のワンポイントアドバイス！

楽しいことがあれば立ち歩きたくなるのが子どもたち。言葉だけで指示したりルールを伝えて止めさせようとしたりするのではなく，走って欲しくない場所では歩きたくなる工夫を，座ってほしい時には座りたくなる工夫をすることが大切です。環境をうまく活用すると，指示や禁止が減って保育がさらに楽しくなりますよ！

Question 22
どこに気を付ければいいんだろう……

朝の受け入れのポイントは？

Answer
ケガや体調不良があった際には配慮するひと言を伝えよう

前日からの引継ぎを細かくすることが大切です。朝の寂しい気持ちには共感を。保護者へのフォローも忘れずに行うことが大切です。

　まずは笑顔で挨拶と健康観察をします。前日にケガがあった時には，改めて謝罪をし，その後の経過を聞きましょう。体調不良や長期休み，園側のミスで心配をかけたことなどがあれば，必ずひと声掛けられるように，前日からの引き継ぎを正確にしましょう。また，朝は子どもが泣いたりぐずったりすることが多いもの。「もう泣かないの」と言われても悲しい気持ちは変わりませんし「すぐに迎えに来るよ」と嘘をつくのも考えようです。寂しい気持ちに蓋をせず安心して乗り越えるためには，「ママが良かったよね，一緒に保育園で待っていようね」と子どもの気持ちに寄り添うことが大切です。

ちょび先生のワンポイントアドバイス！

　泣いてお別れをした日には，保護者も後ろ髪を引かれる思いでいることでしょう。お迎えに来た時には，「○○をしたら笑顔が見られましたよ」とその後の様子を伝えましょう。また泣かれないようにこっそり園を出るよりも「必ずお迎えにくるから待っていてね」と子どもに伝えてもらえるようにしましょう。

Question 23
話した方がいいかなとは思うけれど……

お迎えの時はどんな話をしたらいいの？

nswer

具体的なエピソードで子どもの様子を伝えよう

細かい伝達事項はもちろん，雑談も大切にして，なんでも話しやすい関係を築きましょう。

　ケガはもちろん，服が濡れていつもより多く着替えた，咳や鼻水が出ている，排泄に成功したなど，細かいことも丁寧に伝えましょう。具体的なエピソードで日中の様子を伝えることも大切です。保護者としては，朝子どもを送ってから長ければ10時間以上の様子がわかりません。些細なことでも我が子の様子を知れると安心できるものです。とっさに今日のエピソードを伝えようとしても思い出せないことがありますよね。保育中の心に残ったエピソードをメモしておくことをオススメします。

● ちょび先生のワンポイントアドバイス！

雑談は心の距離を縮めてくれます。連絡事項ばかりではなく，「寒くなってきましたね」「髪の毛バッサリ切ったのですね！」など気候や天気の話，子どもに関わる以外のことも含めて話題にし，普段からコミュニケーションをとるようにしましょう。

uestion 24

15歳以上も年上の人が……どう話していいのかわからない……

年上の保護者とうまく関わるポイントは？

nswer

背伸びせず，自分のできる接し方を考えよう

子どもへの愛が伝われば大丈夫です。年下だからこそできる関わり
もあります。

　保育と子育ては違う，とわかっていても，保育の経験や子育て経験がない
と不安になりますよね。しかし心配することはありません。我が子のことを
愛し，よく見てくれる保育士さんを保護者の方は喜んで受け入れてくれるで
しょう。元気な若い保育士さんに子どもを見てもらえて嬉しいと話す保護者
の人は多いものです。送迎時には，挨拶に加えてその子の可愛かったことや
成長を感じたことなどのエピソードを伝え，信頼関係を築いていきましょう。
家庭への要望や指導が必要な際には，年上の先生の力を借りることも大切で
す。

● ちょび先生のワンポイントアドバイス！

　保護者からすると，年下だからこそ話しやすいこともあるかもしれ
ません。子育てを経験していないからこそ「働きながら子育てをす
るってすごいことですよね」と褒めることができるかもしれません。
背伸びせず，今の自分にできる接し方を考えましょう。

Question 25

朝ごはんは食べてきて……もう少し早く寝た方が良いのに……

保護者への要求は，どうやって伝えればいいの？

Answer

できることから始められるように，理想を押し付けないようにしよう

正しさは時に相手を苦しませることがあるので注意が必要です。それぞれの家庭にあった支援の在り方を探っていきましょう。

子どもの成長のために，時には保護者へ言いにくいことを伝えることも保育士の大事な仕事。保護者が知らないことであれば，「子どもの成長には〇〇の方がいいですよ」と時には根拠となる情報も併せて伝えましょう。

しかし十分わかっているけれどできないという場合があります。そんな場合は，まずは事情を聞き，頑張りを受け止めることから始めましょう。朝子どもを連れてくることで精いっぱいという場合には，バナナ１本食べて来るところからでもいいかもしれません。理想を押し付けず，できそうなことを一緒に探っていくことが大切です。

ちょび先生のワンポイントアドバイス！

どの保護者も，様々な事情の中で時には悩みながら一生懸命子育てをしています。できていないところばかりを指摘するのではなく，大変さに共感したり頑張っている姿を認めたりする姿勢が大切です。子どもたちをよりよく育てていくパートナーとして，正しさを伝えるばかりではなく家庭に合わせた支援を心掛けましょう。

保 護 者 対 応

uestion 26

クレームを言われるととにかくへこむ……

保護者からのクレーム，どう対応すれば いいの？

Answer

まずは誠意をもって十分に話を聞こう

クレームは改善，向上の機会になります。誠意のある対応が信頼に
繋がることも。落ち込んだ気持ちは切り替えて，前向きに改善策を
考えていきましょう。

　クレームを言われたと思うと嫌な気分になりますが，クレームは保護者の
意見や要望です。どんな場合でもまずはクレームを言うに至った怒りや悲し
みを受け止めて十分に話を聞きましょう。自分だけで判断できないことは
「上司に確認してからとお伝えします」と伝え，上司に必ず報告，相談をし
ましょう。その場で適当に答えてはいけません。保護者の言葉の裏にある願
いを考えることも大切です。子育てに困っている，大変さをわかってほしい
というサインが隠れているかもしれません。

ちょび先生のワンポイントアドバイス！

私たちの脳は「なぜうまくいかなかったのか？」と考えると，うま
くいかなかった理由を考え，「どうしたらうまくいくのか？」と考
えるとうまくいくための手段を考え始めます。ピンチはチャンス！
改善するための良い機会と捉え，どうしたらうまくいくか？　と自
分に問いかけ，前向きに解決していきましょう。

Question 27

何を話したらいいの？どんな準備が必要？

保護者会って，どんなことをすれば いいの？

Answer

まずはねらいを考えよう

工夫はたくさんあります。まずは伝えたいことを整理して，ねらい を明確にした上で，内容を考えていきましょう。

　特に年度初めは園への信頼度を高めてもらえるように保育理念や1年の目標などを伝えます。保育園での様子を映像で見せて，成長の様子や今後の見通しについて話していっても良いでしょう。特に噛みつきやひっかき，イヤイヤ期などトラブルや子育ての困りごとに直結しやすいことについては，保育園での具体的な対策や考え方も含めて丁寧に伝えることが大切です。何をするかに気持ちが向いてしまいますが，内容を考える前に，どんなことを伝えたいのか等，保護者会のねらいを書き出して明確にしましょう。

 ちょび先生のワンポイントアドバイス！

講義型ばかりではなく，子育ての困りごとを話したり，子どもが普段やっている遊びを体験してみたりと保護者も参加できる工夫をしてみると良いですね。メッセージ性のある絵本を活用するのもオススメ。保護者会でのねらいを決めたら，どんな内容が良いのか，今までの資料を見たり先輩に相談したりしてみましょう。

Question 28

「先生描いて」と言われると困る……

絵が下手で描きたくない時には，どうすればいいの？

nswer

絵をうまく描くことよりも楽しんで描くことを大切にしよう

絵が上手に描けることよりも，自分らしく表現することの方が大切。絵が下手な先生の方が子どもたちの描いてみようという気持ちを引き出すのが上手かもしれません。

　大人が上手な絵を描いてばかりいると，子どもたちは上手に描かなくてはいけないと無意識の中で思うもの。そして「先生描いて」と言うことが多くなります。お絵描きの場面では，上手，下手という評価の言葉を使いがちになりますが，自分らしく表現することを楽しんでほしいものです。子どもたちが上手でなくてもいい，自由に表現していいんだと思い切りお絵描きを楽しめるようになるためには，先生の絵が上手いかどうかよりも，楽しんで描いているかの方が大切です。

ちょび先生のワンポイントアドバイス！

　キャラクターの絵をいつも描いてと言ってくる子に，ある日，点と丸だけで描いて見せたことがありました。すると「あ，これでもいいのか……」というなんだか納得したような表情で，その日から自分でも描くようになったことがありました。絵の下手な先生の方が，子どもたちの「描いてみよう」の気持ちを引き出すことが上手なのかもしれませんね。

Question 29

注意や禁止ばかりになってしまってモヤモヤ……

ケガをさせないようにするには，
どうすればいいの？

自分で自分の身を守る力を育もう

ケガをさせない保育が本当に良い保育？　危険から身を守る力を育むという視点も大切です。

　保育者は危険を予測し，防げる事故を防ぎ，安全を守ることが何よりも大切です。しかし過度に危険を取り払いすぎたり，保育者が「あれはダメ」「これはダメ」と禁止ばかりしたりすることは，子どもたちが危険を自分で判断し，自分で自分の身を守る力を育む機会を奪っているということでもあり，逆にケガが多くなってしまうことだってあります。子どもの発達に見合っているか，大ケガにならないか，のポイントを押さえて危険を取り払い過ぎないように考えましょう。リスクを管理するための職員のチームワークや，クレームに繋がらないための保護者との共通理解が重要です。

🔵 ちょび先生のワンポイントアドバイス！

経験に勝る学びはありません。「転んだらケガをするから止めなさい」と言われるよりも，一度転んで「ここは危ないから止めよう」と思う方が身になる学びになるものです。大ケガに繋がることや発達に見合わないことは止めるべきですが，経験して学ぶことを大切にする視点をもちましょう。

uestion 30

厳しい先生の言うことはちゃんと聞くのに……私も厳しくした方がいいのかな……

言うことを聞いてくれない子たちに，どう対応すればいいの？

Answer

子どもに「楽しそう！」と思ってもらえる工夫をしよう

怒って言うことを聞かせなくても大丈夫。言うことを聞かない子どもを責めるのではなく，子どもたちが関わりたくなるような工夫をしましょう。

　怒って言うことを聞かせる，ということが定着していると，怒らない先生の時には言うことを聞かない，という状態になることがあります。子どもたちが自分を困らせている，なめられているなどと感じてしまう人もいますが決してそうではありません。子どもたちが話を聞きたいと思って聞いたり，やってみたいと思って活動に参加したりと，主体的に行動することが大切です。必要以上に厳しくする必要はありません。「楽しそう」「やってみたい」という気持ちを引き出せる工夫をしましょう。

ちょび先生のワンポイントアドバイス！

　厳しくしつけて子どもに言うことを聞かせられる先生が力量のある先生だと考える人もいますが，本当にそうでしょうか。子どもの気持ちを汲み取り共感し，信頼関係を築いていくと怒らなくても子どもたちはあなたの話を聞いてくれるようになりますよ。子どもに言うことを聞かせるよりも，対話していく姿勢が大切です。

uestion 31

どうしたら「楽しそう」と思ってもらえるんだろう……

子どもたちを惹きつける話し方のポイントは？

Answer

場数を踏んで少しずつ上手になろう

実践あるのみ，先輩の真似をして，失敗を恐れずにやってみましょう。注意が散らないような環境設定の配慮も忘れずに。

　面白そうなことには前のめりで参加し，そうでないと立ち歩く子どもたち。惹きつけることが上手な先輩がいたら，話すスピードや声の大きさの変え方，表情や間の取り方などをよく見て真似してみましょう。最初からうまくできる必要はありませんからどんどん実践してみることが大切です。靴下や手袋などでつくったオリジナルキャラクターを登場させたり，パペットやパネルシアターを活用したりと，視覚教材を取り入れることも工夫のひとつ。本やインターネットから情報を得て，楽しめるネタの引き出しを増やしましょう。

ちょび先生のワンポイントアドバイス！

　大切なのは話し方だけではありません。窓の外が見える場所で絵本を読んでいたら，車，鳥，風に揺れる木々等様々なものが子どもの視界に入ってきます。これではどんなに楽しくても集中できませんよね。保育者の立ち位置，視界に入るもの，座る時の椅子，友だちとの距離等，環境面の配慮を忘れずにしましょう

uestion 32

先生の保育は「甘い」と言われます……

甘えを受け止めてはいけないの？

nswer

甘えを受け止めて自立への第一歩を促そう

「甘え」と「甘やかし」は違います。甘やかす必要はありませんが，
甘えの気持ちはしっかり受け止めることが大切です。

　甘えとは子どもが「抱っこして」「手伝って」と愛情を求めてくる行為です。時にはわがままのように見えますが，その気持ちをしっかり受け止めてもらうことで，愛されていることを感じ，安心感と意欲が湧いてきます。甘えを十分受け止めてもらうことで，自立へと向かっていけるようになるのです。一方で甘やかしは大人が先回りをして子どものできることもやってしまったり，我慢すべき場面で我慢させなかったりすること。甘やかす必要はありませんが，甘えを受け止めることはとても大事なことです。

ちょび先生のワンポイントアドバイス！

　「助けて」と人に頼ることはとても大切な生きる力。子どもたちが「助けて」「手伝って」と言ってくる時には手を貸してあげられる保育者でありたいものです。面倒くさがって「やって」と言うなど甘やかしにも見えて迷う場面では，「手伝うよ，一緒にやろうか」と少しだけ気持ちを受け止めると自分でもやろうとしてくれます。

Question 33

もっと叱るべき？　怒ると叱るって違うの？

子どもを叱るべき時はどんな時？

Answer

ちゃんと伝わる伝え方を考えよう

怒るか，叱るかではなく，何が伝わったのかが大切なポイントです。「先生に怒られるから」が行動の動機にならないように気を付けましょう。

　子どもにいけないことを伝える時に大切になるのは，叱るか叱らないか，厳しいか厳しくないかではありません。子どもが言われたことを理解できたか，次の行動に移せたかが大切です。子どもによってタイプが違うので，ちゃんと伝わる言い方の工夫をしましょう。必要以上に大きな声で叱ってしまうと，「怖い」という印象ばかりが残ってしまいます。先生に怒られないように言うことを聞く，ということでは人は育っていきません。いけない理由を伝えたり，なぜいけないことをしたのかの思いを聞いたり，どうしたら良かったのかを一緒に考えたりしていくといいでしょう。

 ちょび先生のワンポイントアドバイス！

　怒って子どもに言うことを聞かせようとする先生を見て，子どもたちは，「人に言うことを聞いてほしい時には怒って聞かせればいい」ということを学ぶでしょう。例え正しさを伝えるためであっても必要以上に怒る必要はありません。人に思いを伝える時は相手が大人でも子どもでも対話をすることを大切にしましょう。

uestion 34

褒めればいいってわけじゃない……？

上手に褒めるためのポイントは？

nswer

褒め言葉で評価しないように気を付けよう

褒め言葉は実は注意が必要です。努力したことを褒めることがポイント。人の役に立つ喜びが感じられるように，「ありがとう」をたくさん伝えましょう。

　人は褒められると嬉しい気持ちになってやる気が出ますから，たくさん褒めていきたいものです。しかし「上手」と褒めていると「下手」な子が否定されているように感じたり，「上手」でない自分はだめだと思って苦しくなってしまったりすることもあるので注意が必要です。「上手にできたね」という結果よりも「頑張ったね」とプロセスに目を向けて褒めることが大切です。褒めることで子どもをコントロールしていないか時々振り返るようにしましょう。

ちょび先生のワンポイントアドバイス！

　片付けやお手伝いなど，みんなのためになることや助かることについては「すごい」「えらい」よりも「ありがとう，助かったよ」「やってくれて嬉しい」と感謝や感情を伝えましょう。人の役に立つことや喜んでもらえることが嬉しいという経験をたくさん積んでいる子は，自然と思いやりのある行動をとれるようになるものです。

uestion 35

今日は怒りすぎちゃったな……毎日反省の日々……

ついイライラして怒ってしまう時，どうすればいいの？

Answer

６秒の我慢で気持ちを落ち着かせよう

イライラしてしまってもコントロールできるようになれば大丈夫。子どもたちを「お利口さん」の型にはめようとしないことが大切です。

　保育士も人なので，イライラしてしまうことはありますよね。怒りは身を守るための防御感情であり，人間にとって自然な感情のひとつです。しかしプロとして子どもと接する私たち保育士は感情に任せて保育をしていてはいけません。怒りのピークは長くても６秒。６秒を過ぎると衝動的に行動することは抑えられると言われます。子どもたちにイライラしたら，まずは６秒数えてみましょう。少し気持ちを落ち着けて「どう伝えようか」と考えてから子どもに声を掛けましょう。

ちょび先生のワンポイントアドバイス！

　真面目な人程怒ってしまいがちです。ちゃんと座らせなくちゃ，ルール通りにやらせなくちゃと思いすぎていませんか？　大人の言うことを聞くお利口さんを育てることが保育の目標ではありません。大人の言うことを聞かないなんて，生きる力があるなぁ。そのくらい肩の力を抜いて保育できるといいですね。

お わ り に
·············

　3歳児の担任をしていた時，元気な男の子たちがいつも1番をめぐってけんかをしていました。ホールへ移動するために並ぶと必ず，「オレが1番！」「オレが1番だった‼」と押し合いのけんか。ささっと着替えて席に座ると「オレイッチバーン」とドヤ顔で自慢をするのです。

　早くやろうというのは良いのだけれど，けんかまでしなくてもいいんじゃない？　と思っていたある日，原因は私の声掛けだということに気が付きました。

　「おっ今日は1番に終わったね」「お着替え1番だ〜すごいね」そんな言葉をちょこちょこと掛けていたことに気が付いたのです。次の日から，私は声の掛け方を変え，後ろでけんかせずに並んでいる子を褒めてみることにしました。並んでいる子どもたちを見て「Aちゃんは後ろに静かに並んでいて偉いなぁ」「オレが前！　ってやらないで後ろでも並べるんだね，かっこいい」そんな風に声を掛けてみると，「え？　1番よりもそっちがかっこいいの？」という表情の子どもたち。それからしばらくして，1番を争うけんかは収まり，しめしめと思っていたわけですが，数日後，新たなけんかが始まったのです。午睡前にホールへ向かうために並んで待っていた時のこと。今度は，普段はあまりけんかをしない女の子たちが，「前行って」「やだ，Bちゃんが行ってよ‼」と言い合っています。何かと思って見てみると，今度は1番後ろを取り合ってけんかをしていたのです。

　あぁ，声掛けってなんて難しいのでしょう。私の「かっこいい」のひと言で，子どもたちの「かっこいい」の基準が決まってしまう。保育者が子どもに関わることは，意識的にも無意識的にも，価値観を伝えていっていることだと感じたのでした。

　保育所保育指針を見てみると，乳幼児期は，人間形成に極めて重要な時期と書かれています。そんなとても大事な時期に多くの時間をともにする保育

の仕事は，楽しいばかりではなく，とても責任のある仕事だなと感じています。それは命を守るという意味でも，子どもたちの心を育てるという意味でも。私たち保育者の掛ける言葉ひとつ，環境のつくり方ひとつで，子どもの育ちが少しずつ変わっていく。1年・2年……と日々を重ねていく中で，少なくはない影響を子どもたちの心の中に残していることでしょう。

　保育をする中で忘れてはいけないと思うのは，私たちは「今」を育てているわけではないということです。私たち大人はついつい，今良い子であることを願ってしまいます。しかし，今良い子であることよりも大切なのは，20年後30年後に幸せに生きていくこと。そのために私たち保育士は何を大切にして保育していくべきなのか考えなくてはなりません。大人の言うことを聞き，勉強をたくさんして，いい学校に入りいい会社に就職をしたら幸せ。そんな時代ではなくなってきました。コンピューターやインターネット，そしてAIと技術がどんどん進んでいく中で，人々の幸せの価値観も人に求められる力も大きく変わってきました。私たち保育士の"お利口さん"や"良い子"という価値観も時代とともに変わっていかなくてはならないと感じています。子どもひとりひとりが自分らしく幸せに生きていけるように，見栄えや大人の都合ばかりにとらわれず，子どもの人生を真ん中において考える保育が，日本の当たり前になることを心から願っています。

　最後になりますが，この本の提案をしてくださった明治図書の中野真実さん，執筆に向けてお力をお貸しくださった尊敬する園長，久保隼人先生，そして私に保育士としての経験を積ませてくださったこどもの王国保育園を始めとする保育園，そこで働く先生方，皆様に感謝申し上げます。本当にありがとうございました。

　2020年1月　こどもの王国保育園　統括園長　菊地奈津美（ちょび先生）

【著者紹介】

菊地　奈津美（きくち　なつみ）

1985年生まれ，東京都出身。聖徳大学児童学科を卒業後，公立保育園で７年間保育士として勤務。

その後私立保育園主任を経て，現在はこどもの王国保育園西池袋園長兼統括園長を務めている。

保育士の学びの場としてYouTubeを配信中。夢を語る場「保育ドリプラ」を開催するなど，子どもの育ちを大切にできる日本にすることをビジョンに活動している。

〔本文イラスト〕まなたす

【参考文献】

・今井和子・石田幸美『新人担任が知っておきたい！０・１・２歳児保育のキホンまるわかりブック』学研，2018年
・菅原裕子『子どもの心のコーチング』PHP文庫，2007年
・松原美里『輝く保育者のコミュニケーションスキル34』黎明書房，2019年
・厚生労働省編『保育所保育指針解説』フレーベル館，2018年
・塩谷香『マンガでわかる！０・１・２歳児担任のお仕事はじめてBOOK』ナツメ社，2017年
・鈴木八朗『40のサインでわかる乳幼児の発達』黎明書房，2015年
・頭金多絵『０・１・２歳児の心Q&A―保育の「困った」を解決！』学研，2017年
・汐見稔幸・松永静子『イラストでわかる！０・１・２歳児担任のおしごとまるわかり！』学陽書房，2018年
・今井和子監修『DVD付年齢別１歳児の育ち事典』小学館，2009年
・波多野名奈『先輩に学ぶ乳児保育の困りごと解決BOOK０歳児クラス編』中央法規，2019年

幼児教育サポートBOOKS

保育のあるあるなお悩みを一気に解決！
０・１・２歳児担任のためのお仕事Q＆A

2020年4月初版第1刷刊 ©著 者	菊 地	奈 津 美
発行者	藤 原	光 政
発行所	明治図書出版株式会社	

http://www.meijitosho.co.jp

（企画・校正）中野真実

〒114-0023　東京都北区滝野川7-46-1
振替00160-5-151318　電話03(5907)6702
ご注文窓口　電話03(5907)6668

＊検印省略　　　組版所　広研印刷株式会社

Printed in Japan　　　ISBN978-4-18-314210-8

もれなくクーポンがもらえる！読者アンケートはこちらから →